expression
orale

Michèle Barféty

Patricia Beaujouin

niveau **1**

CLE
INTERNATIONAL

Édition : Martine Ollivier
Illustrations : Pascale Collange
            Christine Hautin-Royer

© CLE International/SEJER, 2004
ISBN 209-035203-5

Cet ouvrage d'expression orale s'adresse à des apprenants adultes et adolescents totalisant au moins 100 heures de français.

Il permet la préparation aux épreuves d'expression orale des DELF A1 et A2.

Le niveau de compétence requis correspond aux niveaux A1 et A2 du Cadre européen commun de référence pour les langues.

Ce manuel d'exercices d'entraînement à l'expression orale est accompagné d'un CD contenant tous les documents sonores. Il peut être utilisé en classe, en complément de la méthode de FLE habituelle ou dans tout contexte d'apprentissage impliquant au minimum deux personnes. Les transcriptions des enregistrements et des propositions de corrigés des exercices sont fournies à la fin du recueil.

L'ouvrage se compose de 5 unités de 3 leçons chacune.

> • Chaque unité comporte une progression lexicale et syntaxique.

> • Chaque leçon comprend trois doubles pages sur un même thème intitulées : **1. Imiter**, **2. Interpréter** et **3. S'exprimer**.

> Ces trois doubles pages proposent des tâches complémentaires et progressives et nécessitent des stratégies différentes.

> • De nombreux visuels servent de point de départ à des activités variées : description, explication, commentaire, interprétation ou discussion.

> • Des écoutes servent également de point de départ à certaines activités de production orale. Elles mettent en scène des outils que l'apprenant devra réutiliser lui-même par la suite.

> • Des outils communicatifs, lexicaux ou grammaticaux sont proposés sur chaque double page.

> • À la fin de chaque unité, un bilan reprenant les principales situations de communication présentées permet à l'apprenant de s'autoévaluer.

> • Certaines activités sont prévues pour deux personnes (deux apprenants, ou un enseignant et un apprenant), d'autres peuvent se faire par deux ou en groupe jusqu'à une douzaine d'apprenants.

Chaque leçon comprend trois doubles pages.

• La première double page propose d'« imiter », c'est-à-dire de travailler sur la prosodie : l'intonation et le rythme, dans un contexte de communication donné puis d'utiliser les outils communicatifs en interaction d'abord simple puis plus complexe.

• La deuxième double page propose d'« interpréter », c'est-à-dire de réutiliser ses compétences linguistiques dans des situations interactives voisines de celles de la première partie, mais enrichies par des outils complémentaires.

• La troisième double page propose de « s'exprimer », c'est-à-dire de laisser à chacun une liberté suffisante pour qu'il se sente impliqué dans ses interventions. Les activités proposées sont des discussions à partir de supports divers et des jeux de rôles. La dernière page présente un aspect de la civilisation française et l'utilise comme point de départ d'une conversation.

LES ACTIVITÉS PROPOSÉES

• *Décrivez*

Vous devez donner toutes les informations possibles sur le dessin que vous voyez.

• *Devinez*

À partir des éléments donnés, vous devez trouver le mot qui répond à toutes les propositions. Quand vous avez trouvé la solution, vous devez imaginer, vous aussi, une devinette.

• *Discutez*

Vous devez parler avec les autres apprenants sur le sujet proposé. Pour vous préparer à cette discussion, vous devez d'abord répondre à des questions. Ensuite, vous devez poser des questions aux autres apprenants, leur donner votre avis et discuter avec eux.

• *Donnez la réplique*

Vous devez faire cette activité par deux ou en chaîne pour un petit groupe. Le premier apprenant doit lire la phrase proposée dans l'exercice. Il doit respecter l'intonation de la phrase. Le deuxième apprenant doit imaginer la phrase suivante. En général, on vous demande d'utiliser dans la réponse une structure particulière ou un temps déterminé.

• *Échangez des informations*

L'exercice comporte deux documents. D'abord vous devez compléter votre document. Ensuite vous devez poser des questions à votre partenaire pour pouvoir remplir le second document. Vous devez aussi répondre aux questions de votre partenaire pour lui permettre de faire le même travail.

• *Faites passer la parole*

Vous devez utiliser les modèles proposés pour faire des mini-dialogues de deux ou trois phrases. Vous pouvez travailler en chaîne : le 1er avec le 2e, puis le 2e avec le 3e, etc.

• *Informez-vous*

Vous devez préparer des questions et ensuite, les poser aux autres apprenants. Ces questions peuvent porter sur un document oral ou écrit, ou sur des choix personnels. Vous devez aussi répondre aux questions posées par vos partenaires.

• *Interprétez*

Vous devez jouer une scène avec un autre apprenant à partir d'un document donné. Ce document peut être un dessin avec des personnages en situation, ou une bande dessinée muette.

• *Jouez la scène*

Vous devez jouer les dialogues sans les lire. Si vous le pouvez, mettez-vous dans la situation du dialogue : debout, assis, face à face, etc.

• *Justifiez vos choix*

Ces activités se font toujours à partir d'un ou de plusieurs dessins. Vous devez répondre aux questions posées et chercher sur les dessins les informations qui justifient vos réponses. Vous devez discuter avec les autres apprenants si vous n'êtes pas d'accord avec eux.

• Mettez-vous d'accord

Vous devez discuter avec les autres apprenants pour choisir ensemble une réponse commune aux questions posées.

• Réagissez

Cette activité est proposée à partir d'un dessin. Vous devez expliquer la signification de ce dessin, donner votre avis et discuter avec les autres apprenants.

• Répétez

Vous devez répéter les phrases que vous entendez. Vous devez bien respecter la prononciation, le rythme et les intonations du modèle.

• Répondez

Vous devez répondre aux questions posées sur une écoute.

D'autres activités peuvent être proposées dans une leçon lorsque c'est utile mais ne pas être répétées dans la suite de l'ouvrage.
L'utilisation du signe :* devant un mot signifie que ce mot appartient au langage familier.

SOMMAIRE

LEÇON 1　　SE PRÉSENTER　　　　　　　　　　*1. Imiter*

■ **OBJECTIF FONCTIONNEL :** Se saluer – Faire connaissance.

■ **OUTILS :** Le couple – La famille – L'appartenance.

■ **1** ■ *Répondez.* 🎧 ÉCOUTE 1

• *Écoutez et regardez.*

• *Répondez oralement.*

1. Dans chaque dialogue, où se passe la scène et quelles sont les relations entre les deux personnes ?
2. Est-il possible de dire à quel moment de la journée se passent ces rencontres ?

■ **2** ■ *Répétez.* 🎧 ÉCOUTE 2

Attention à l'intonation !

■ **3** ■ *Jouez la scène.*

• *Jouez les dialogues avec un partenaire.*

– Bonjour, comment ça va ?　　　　　　　　– Salut Julie, tu vas bien ?
– Bien merci, et toi ?　　　　　　　　　　　– Oui, très bien, et toi ça va ?
– Ça va, merci.　　　　　　　　　　　　　　– Pas mal.

– Bonsoir, monsieur Blanc, comment allez-vous ?　– Salut Nicolas, ça va bien ?
– Bien, mademoiselle Renaud, et vous ?　　　　　– Ça va, ça va…
– Ça va bien, je vous remercie.

OUTILS

Se saluer
Bonjour – Bonsoir – Salut.
Comment ça va ? – Ça va ? – Ça va bien ?
Comment vas-tu ? – Comment tu vas ? – Tu vas bien ? – Comment allez-vous ? – Vous allez bien ?

Répondre
Bien / Très bien, Merci – Bien / Très bien, je vous remercie – Ça va – Ça va bien, merci – Pas mal – Et toi ? – Et vous ?

Joindre le geste à la parole
Avec la famille ou les amis, on peut s'embrasser, se faire la bise.
Avec les gens qu'on connaît moins bien, on peut se serrer la main.

■ 4 ■ *Faites passer la parole.*

• *Vous rencontrez un ami, un voisin, un collègue…*

• *Imaginez la situation et choisissez les outils. Vous pouvez joindre le geste à la parole.*

Exemple : **A** – Salut Françoise, tu vas bien ?   **B** – Bonjour monsieur, comment allez-vous ?
                B – Ça va merci, et toi ?   **C** – Très bien, mademoiselle, et vous ?
                A – Moi, ça va.   **B** – Bien, je vous remercie.

À vous…

■ 5 ■ *Informez-vous.* 🎧 ÉCOUTE 3

1. Est-ce que les deux personnes se connaissent ?
2. Pourquoi se rencontrent-elles ?
3. Qu'est-ce que vous apprenez sur ces deux personnes ?

• *Prenez des notes.*

....

....

• *Discutez avec les autres apprenants pour contrôler ou compléter vos informations.*

■ 6 ■ *Jouez la scène.*

Une femme : – Pardon monsieur, vous êtes bien Philippe ?
Un homme : – Oui, ...

OUTILS

Faire connaissance
• Comment vous vous appelez? / Vous vous appelez comment? / Comment vous appelez-vous?
• Où vous habitez? / Vous habitez où? / Où habitez-vous?
• Qu'est-ce que vous faites dans la vie?
• Vous êtes célibataire, marié, divorcé?
• Vous avez des enfants, des frères, des sœurs? Vous avez combien d'enfants?
• Vous avez quel âge? / Quel âge avez-vous?

■ 7 ■ *Échangez des informations.*

• *À deux, choisissez chacun une fiche et remplissez-la.*

• *Imaginez : vous êtes ces personnes. Posez des questions à votre partenaire et remplissez sa fiche.*

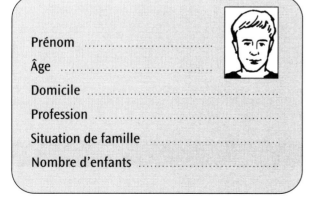

Prénom ....

Âge ....

Domicile ....

Profession ....

Situation de famille ....

Nombre d'enfants ....

Prénom ....

Âge ....

Domicile ....

Profession ....

Situation de famille ....

Nombre d'enfants ....

• *Contrôlez vos notes avec la fiche de votre partenaire.*

■ **8** ■ *Interprétez.*

• *Choisissez un rôle. Préparez les questions et les réponses de votre personnage.*

....

....

....

....

....

• *Jouez la scène avec votre partenaire.*

OUTILS

Se quitter

Au revoir – Bonsoir – Salut – Bonne journée – Bonne nuit.
À tout de suite – À tout à l'heure – À ce soir – À demain – À dimanche – À bientôt – À la prochaine.

L'appartenance

- C'est **mon** / **ton** / **son** stylo – Il est **à moi** / **à toi** / **à lui** / **à elle** – C'est le stylo **de** Martin.
  C'est **ma** / **ta** / **sa** voiture – Elle est **à moi** / **à toi** / **à lui** / **à elle**.
  Ce sont **mes** / **tes** / **ses** livres – Il sont **à moi** / **à toi** / **à lui** / **à elle**.
- C'est **notre** / **votre** / **leur** maison ; elle est **à nous** / **à vous** / **à eux** / **à elles**.
  Ce sont **nos** / **vos** / **leurs** livres : ils sont **à nous** / **à vous** / **à eux** / **à elles**.

La question

À qui est le stylo rouge ? – Le stylo rouge, **à qui** est-il ? – Le stylo rouge, il est **à qui**? – **À qui** appartient le stylo rouge ?

■ 9 ■ *Mettez-vous d'accord.*

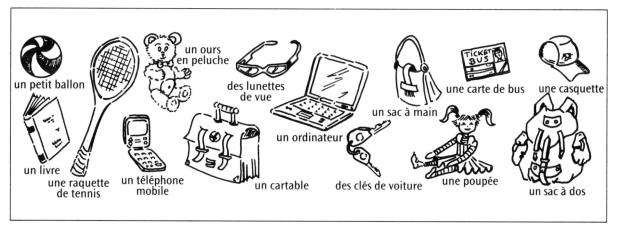

• *Choisissez à qui appartiennent les objets ci-dessus.*

Agathe : ....

Daniel : ....

Brigitte : ....

Mélanie : ....

Quentin : ....

Cécile : ....

• *Discutez avec les autres apprenants pour vous mettre d'accord.*
Exemple : **A** – Le sac à dos est à Cécile.

      B – Mais non, il n'est pas à elle, c'est le sac de Quentin.

      C – Oui, moi, je suis d'accord, c'est son sac.

■ **10** ■ *Interprétez.*

• *Décrivez les dessins. Expliquez les situations.*

• *Jouez ces situations de rencontre.*

■ **11** ■ *Devinez.*

• *Qui est-ce ?*

1. C'est un homme.
   Il est marié.
   Il a des enfants.
   Il est né à Marseille, en France.
   Son père est algérien.
   C'est un sportif professionnel.
   Il joue très bien au football.

2. C'est un homme politique.
   Il habite à Paris.
   Il est choisi par les Français.
   Il rencontre des personnes importantes
   Il travaille au Palais de l'Élysée.

• *À vous. Choisissez une personne célèbre et présentez-la comme dans les exemples.*

OUTILS

Le couple

Le mariage – Le mari – La femme – Se marier avec quelqu'un – Vivre en union libre - Le PACS.
On doit se marier à la mairie – On peut aussi se marier à l'église.
Le divorce – Divorcer / se séparer de quelqu'un – Quitter quelqu'un – Se quitter (deux personnes se quittent).

La famille

Une famille monoparentale (un seul parent) – Un couple sans enfant – Une famille nombreuse.
Un enfant unique – Avoir des enfants – Adopter un enfant.

■ 12 ■ Informez-vous. 🎧 ÉCOUTE 4

• *Écoutez et préparez des questions sur le dialogue.*

....

....

....

....

• *Posez vos questions et répondez aux questions des autres apprenants.*

■ 13 ■ Discutez.

• *Répondez aux questions pour préparer la discussion.*

• *Donnez votre opinion. Discutez avec les autres apprenants.*

1. Comment les gens se saluent-ils dans votre pays ? Qu'est-ce qu'ils disent ? Qu'est-ce qu'ils font ?

....

2. Est-ce que vous aimez les habitudes françaises ? Pourquoi ?

....

3. Dans votre pays, à quel âge les filles et les garçons se marient ?

....

4. À votre avis, quel est l'âge idéal pour se marier ? Pourquoi ?

....

5. Dans votre pays, les familles ont combien d'enfants ?

....

6. Combien d'enfants voulez-vous avoir ? Pourquoi ?

....

■ 14 ■ Réagissez.

• *Décrivez ces quatre familles françaises. Expliquez leur situation.*

• *Donnez votre opinion, discutez avec les autres apprenants.*

■ **OBJECTIF FONCTIONNEL :** Parler de ses goûts – Donner son avis.

■ **OUTILS :** Les activités de loisir – *Moi aussi, moi non plus* – La cause et la conséquence.

■ **1** ■ *Répondez.* 🎧 ÉCOUTE 1

• *Écoutez et regardez.*

• *Répondez oralement.*

1. Dans chaque dialogue, de quoi parlent-ils ?
2. Sont-ils d'accord ?
3. Comment disent-ils qu'ils aiment ou qu'ils n'aiment pas quelque chose ?

■ **2** ■ *Répétez.* 🎧 ÉCOUTE 2

Attention à l'intonation !

■ **3** ■ *Jouez la scène.*

• *Jouez les dialogues avec un partenaire.*

– Voilà ta chambre, elle te plaît ?
– Bof, elle n'est pas terrible.
– Ah bon, moi, je l'aime beaucoup !

– J'adore ta nouvelle voiture !
– Pas mal hein ?
– Oui, elle est géniale !

– Vous aimez les sports d'hiver ?
– Ah non, je déteste ça !
– Ah bon ? Moi, ça me plaît beaucoup !

– J'aime bien ce chanteur.
– Ah non, il est nul !
– Nul ? Mais non, il est super !

OUTILS

Dire qu'on aime ou qu'on n'aime pas quelqu'un ou quelque chose
• Je déteste, je n'aime pas du tout, je n'aime pas, je n'aime pas beaucoup, j'aime bien, j'aime beaucoup, j'adore…!
• Apprendre le français : c'est extraordinaire ! *c'est génial ! *c'est super ! c'est bien, *c'est pas mal, *c'est pas terrible, c'est nul ! – Ça me plaît, ça ne me plaît pas.
• Le professeur de français : il est extraordinaire, *il est génial, *il est super…

Poser la question
• Tu aimes le cinéma ? – Est-ce que vous aimez le cinéma ?
• Danser, ça te plaît ? – Ma voiture, elle vous plaît ?
• Qu'est-ce que tu aimes ? – Qu'est-ce que vous préférez ?

Moi aussi – moi non plus
• – Moi, j'aime le sport.   – Moi aussi – Moi, non.
• – Moi, je **n'**aime **pas** le café.   – Moi non plus – Moi si.

■ 4 ■ *Faites passer la parole.*

• *Comme dans les exemples, parlez de ce que vous aimez ou de ce que vous n'aimez pas.*

Exemples : **A** – Elle te plaît ma montre ?   **B** – Je déteste le livre de français, il est nul !
          B – Oui,* elle est pas mal.   **C** – Ah bon ? Je l'aime bien moi !

À vous…

■ 5 ■ *Échangez des informations.*

• *Qu'est-ce que vous aimez et qu'est-ce que vous n'aimez pas ?*

• *Complétez une fiche.*

• *Posez des questions à votre partenaire et complétez sa fiche à l'aide de ses réponses.*

	–	+	++
les minijupes			
le métro			
lire			
les chiens			
les gratte-ciel			
la télévision			
le football			
le fromage			
danser			
la mer			

	–	+	++
les minijupes			
le métro			
lire			
les chiens			
les gratte-ciel			
la télévision			
le football			
le fromage			
danser			
la mer			

■ 6 ■ *Donnez la réplique.* 🎧 ÉCOUTE 3

• *Écoutez la phrase. Répétez-la avec l'intonation correcte.*

• *Imaginez la réplique qui suit.*

Exemple : – Moi, j'adore le ski !
          A – Moi, j'adore le ski !   **B** – Moi aussi, ça me plaît !

■ 7 ■ *Informez-vous.* 🎧 ÉCOUTE 4

1. Où se passe la scène ?
2. Qui sont les deux personnes ?
3. Qu'est-ce qu'elles cherchent ?
4. Quels objets regardent-elles ? Pourquoi est-ce qu'elles ne les achètent pas ?

• *Prenez des notes.*

....
....
....
....
....
....

• *Discutez avec les autres apprenants pour contrôler ou compléter vos informations.*

■ 8 ■ *Jouez la scène.*

A – Et ce vase ? Je l'aime bien moi.

B – ....

■ 9 ■ *Interprétez.*

• *Choisissez un rôle dans chaque image. Expliquez ce que vous aimez. Pourquoi ?*

• *Préparez les dialogues.*

....

....

....

....

....

....

• *Jouez la scène avec votre partenaire.*

■ 10 ■ *Exprimez vos sentiments* 🎧 ÉCOUTE 5

• *Écoutez les cinq interprétations de la phrase : « Il y a un chien dans la classe. »*

• *Notez quels sentiments elles expriment.*

La colère : n° ... La joie : n° ... La tristesse : n° ... La surprise n° ...

• *Répétez les phrases avec les différentes intonations.*

• *À vous. Comme dans l'exemple, exprimez un sentiment dans les phrases suivantes, puis devinez les sentiments exprimés par les autres apprenants.*

– Il pleut dans la cuisine.   – Il est midi et demi.

– Nous avons de nouveaux voisins.   – Elle va au marché l'après-midi.

■ 11 ■ *Imaginez.*

• *Imaginez des situations possibles pour les cinq phrases. Pourquoi la personne est-elle en colère, joyeuse, triste, ou surprise ?*

• *Discutez avec les autres apprenants.*

Les activités de loisir
- Aller au cinéma, au théâtre, au concert, à l'opéra, à la discothèque (en boîte).
- Faire du sport, de la natation, du jogging, de la gymnastique, de la danse, du vélo, du cheval, du jardinage, du bricolage, de la musique, du théâtre…
- Faire une randonnée, la cuisine, (une) collection de timbres, de…
- Jouer aux cartes, au football, au tennis, au bowling, à la pétanque.

La cause et la conséquence
- **Pourquoi** tu fais du cheval? – **Parce que** j'aime les animaux.
- J'aime les animaux **donc/alors**, je fais du cheval.

■ 12 ■ *Justifiez vos choix.*

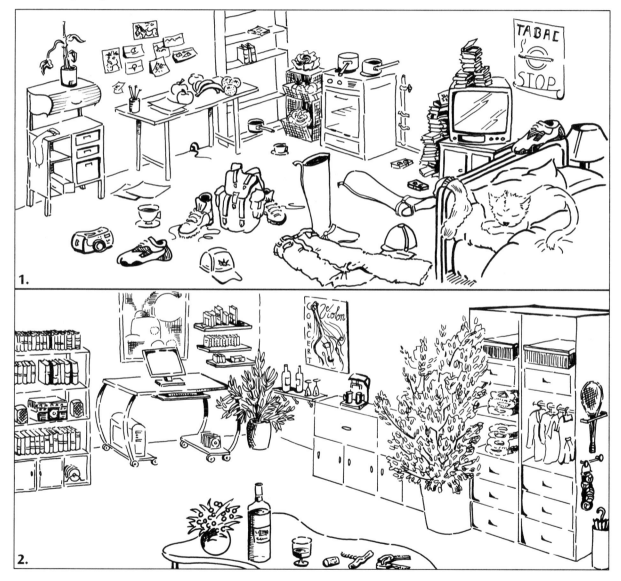

- *Regardez les studios d'Alice et Sébastien.*
- *Qu'est-ce qu'ils aiment? Qu'est-ce qu'ils n'aiment pas?*
- *Expliquez vos choix.*
- *Discutez.*
À votre avis, dans quel studio habite le jeune homme?
Dans quel studio habite la jeune fille?

■ **13** ■ *Informez-vous.*

• *Choisissez vos deux activités préférées.*
• *Pourquoi aimez-vous ces activités ? Trouvez trois raisons.*

....
....
....

• *Choisissez deux activités que vous n'aimez pas.*
• *Pourquoi n'aimez-vous pas ces activités ? Trouvez trois raisons.*

....
....
....

• *Posez des questions aux autres pour connaître leurs choix. Demandez-leur les raisons de ces choix.*

■ **14** ■ *Mettez-vous d'accord.*
• *Vous devez faire deux activités ensemble ce week-end.*
• *Discutez avec les autres apprenants et mettez-vous d'accord.*

OUTILS

Demander l'avis de quelqu'un
• **Qu'est-ce que tu penses de** ma nouvelle voiture ?
• Regarde ma nouvelle voiture : **qu'est-ce que tu en penses** ?
• **Comment tu trouves** ma nouvelle voiture ?

Donner son avis
• **À mon avis**, elle est parfaite.
• **Je pense qu'**elle est très belle.
• **Je crois que** c'est une bonne voiture.
• **Je trouve qu'**elle marche bien.

■ 15 ■ *Informez-vous.*

• *Lisez le texte.*

Les Français et leurs loisirs

Aujourd'hui, les Français ont beaucoup de temps libre. Comment l'utilisent-ils?
Ils sortent : ils vont chez des amis, au restaurant, au cinéma. Ils font aussi du sport. Ils aiment beaucoup marcher, faire des randonnées dans la nature, avec des clubs ou en famille. On marche partout, à la campagne, à la montagne, au bord de la mer.
Les hommes font du vélo, du jogging. Les femmes préfèrent la gymnastique, la danse. Beaucoup d'enfants sont aussi très occupés. Après l'école ou le mercredi après-midi, ils font souvent du sport ou de la musique.
Quand ils ne sortent pas, les Français aiment faire du bricolage et du jardinage. C'est important d'avoir une maison agréable et confortable. ■

• *Préparez des questions sur le texte.*

....

....

....

....

• *Posez vos questions et répondez aux questions des autres apprenants.*

■ 16 ■ *Discutez.*

• *Répondez aux questions pour préparer la discussion.*
• *Donnez votre opinion. Discutez avec les autres apprenants.*

1. Que faites-vous pendant vos loisirs?

....

2. Dans votre pays, est-ce que les gens ont beaucoup de temps libre? Quand?

....

3. À votre avis, que font-ils pendant ce temps libre?

....

4. Est-ce que vous pensez que vous avez assez de temps libre?

....

5. Dans votre pays, qu'est-ce que les enfants font quand ils ne vont pas à l'école?

....

6. Est-ce que vous pensez que les enfants doivent avoir beaucoup d'activés de loisir? Pourquoi?

....

■ 17 ■ *Réagissez.*

• *Décrivez les trois dessins.*
• *Que pensez-vous de leur activité de loisir?*
• *Discutez avec les autres apprenants.*

> ■ **OBJECTIF FONCTIONNEL :** Inviter, accepter, refuser, s'excuser – Dire qu'on est d'accord ou pas d'accord.
>
> ■ **OUTILS :** Les verbes *pouvoir, devoir, vouloir, savoir* – La permission, l'obligation, l'interdiction.

■ 1 ■ *Répondez.* 🎧 ÉCOUTE 1

• *Écoutez et répondez oralement.*
1. Que se passe-t-il dans ces dialogues?
2. Dans chaque dialogue, qu'est-ce que la première personne propose?
3. Est-ce que la personne invitée accepte ou refuse l'invitation?
4. Qu'est-ce que ces personnes disent pour accepter ou pour refuser?

■ 2 ■ *Répétez.* 🎧 ÉCOUTE 2

Attention à l'intonation!

■ 3 ■ *Jouez la scène.*

• *Jouez les dialogues avec un partenaire.*

— Je vais au théâtre ce soir, vous voulez venir avec moi?
— Avec plaisir.

— C'est mon anniversaire, je vous invite au restaurant!
— Oh merci, c'est gentil.

— On va au cinéma?
— Pourquoi pas? C'est une bonne idée.

— Tu peux venir chez moi dimanche? Je fais une petite fête.
— Désolé, je ne suis pas libre.

— Tu es libre demain soir? J'ai deux places pour le concert.
— Je regrette, je ne peux pas. Je dois travailler.

OUTILS

Inviter
Tu viens avec moi/chez moi/au cinéma … ?
Tu veux venir … ?
Tu peux venir … ?
Je t'invite au restaurant/à l'opéra!
Tu es libre ce soir? On va au concert?

Vous venez…?
Vous voulez…?
Vous pouvez…?
Je vous invite…!
Vous êtes libre…?

Accepter
Avec plaisir.
Oui, merci, c'est gentil.
D'accord.
Oui, je veux bien.
Pourquoi pas? C'est une bonne idée.

Refuser et s'excuser
Je suis désolé(e), je ne suis pas libre.
Merci, c'est gentil, mais je ne peux pas. Je dois travailler.
Excusez-moi, je ne peux pas. Je suis occupé(e).
Je regrette, ce n'est pas possible.

■ 4 ■ *Faites passer la parole.*

• *Comme dans les exemples, invitez votre partenaire. Acceptez ou refusez l'invitation.*

Exemples : **A** – Tu viens à la piscine avec moi cet après-midi?   **B** – On va prendre un verre? Je t'invite.
              B – Pourquoi pas?   **C** – Avec plaisir.

À vous...

■ 5 ■ *Échangez des informations.*

• *Choisissez trois activités du tableau et le jour où vous voulez les faire. Notez-les sur votre agenda.*

• *Invitez votre partenaire à faire ces activités avec vous.*

• *S'il est libre, il accepte. S'il n'est pas libre, il refuse et explique pourquoi.*

• *Complétez l'agenda de votre partenaire.*

AGENDA	
Semaine	Activités
Lundi	....
Mardi	....
Mercredi	....
Jeudi	....
Vendredi	....
Samedi	....
Dimanche	....

Mon agenda

AGENDA	
Semaine	Activités
Lundi	....
Mardi	....
Mercredi	....
Jeudi	....
Vendredi	....
Samedi	....
Dimanche	....

Agenda de mon partenaire

■ 6 ■ *Informez-vous.* 🎧 Écoute 3

1. Est-ce que les deux personnes se connaissent? Pourquoi?
2. Quelles sont les activités proposées? Où? Quand? Avec qui?

• *Prenez des notes.*

....

....

....

....

....

• *Discutez avec les autres apprenants pour contrôler ou compléter vos informations.*

■ 7 ■ *Jouez la scène.*

A – Tu veux faire du vélo...

B – ....

INVITER

■ **8** ■ *Interprétez.*

• *Choisissez un rôle. Préparez les questions et les réponses de votre personnage.*

....

....

....

....

....

• *Jouez la scène avec votre partenaire.*

OUTILS

Vouloir – Pouvoir – Devoir – Savoir

• ***Tu veux + nom***
  – Tu veux un café ?   – Oui, je veux bien.

• ***Tu veux, tu peux, tu dois, tu sais + verbe à l'infinitif***
  – Tu veux aller en boîte ?   – Non, je ne sais pas danser.
  – Tu peux venir chez moi ?   – Non, je dois travailler.

L'obligation	**On doit**/**Il faut** faire ses devoirs.
	Faire ses devoirs, **c'est obligatoire**./**C'est obligatoire de** faire ses devoirs.
La permission	**On peut** chanter dans la rue.
	Chanter dans la rue, **c'est permis**./**C'est permis de** chanter dans la rue.
L'interdiction	**On ne doit pas**/**On ne peut pas**./**Il ne faut pas** fumer dans le bus.
	Fumer dans le bus, **c'est interdit**./**C'est interdit de** fumer dans le bus.

■ 9 ■ *Discutez.*

- *Regardez les gens en vacances dans ce camping.*
- *Qu'est-ce qu'ils font? À votre avis, qu'est-ce qui est permis, interdit ou obligatoire?*
- *Notez vos réponses dans le tableau.*

C'est permis	C'est interdit	C'est obligatoire
....	....	....
....	....	....
....	....	....
....	....	....
....	....	....
....	....	....
....	....	....
....	....	....
....	....	....
....	....	....
....	....	....

- *Comparez vos réponses et discutez avec les autres apprenants.*

■ **10** ■ *Mettez-vous d'accord.*

• *Lisez ces invitations.*

Chers amis,

Nous vous invitons à passer le week-end dans notre maison de campagne. Vous devez apporter vos chaussures pour faire une randonnée et des vêtements chauds parce que notre maison est un peu froide.

À bientôt

Lucie et François

Salut !

Je fais une grande fête pour mon anniversaire ce week-end. On va manger, boire et danser toute la nuit. Bien sûr, vous pouvez dormir à la maison. Est-ce que vous êtes libres ? J'attends votre réponse.

Cédric

Salut !

Vous aimez le bricolage et le jardinage ? Alors, nous vous invitons ce week-end à visiter notre nouvelle maison.

Il y a du travail pour tout le monde, mais il y a aussi du bon vin, de bonnes choses à manger et des lits pour dormir !

Nous vous attendons.

Cécile et Olivier

Mes chers amis

Il y a un grand festival de cinéma dans notre village ce week-end.

Voulez-vous venir avec nous voir un ou deux films ? Si vous voulez, nous pouvons réserver des chambres à l'hôtel du village.

Nous attendons votre réponse.

Amicalement
Line

• *Présentez ces quatre invitations : le lieu – l'activité – les personnes qui invitent.*

• *Vous devez passer le week-end tous ensemble. Discutez avec les autres apprenants pour choisir chez qui vous voulez aller.*

OUTILS

Dire qu'on est d'accord	*Dire qu'on n'est pas d'accord*
• C'est vrai.	• C'est faux/Ce n'est pas vrai.
• D'accord/Je suis d'accord.	• Je ne suis pas d'accord.
• Absolument.	• Absolument pas.
• Tu as raison.	• Tu as tort.
• C'est exact.	• Pas du tout.
• C'est sûr – Bien sûr.	

■ 11 ■ Discutez.

• Lisez les textes et regardez les dessins. Que pensez-vous de ces invités?

Quand on vous invite à manger, vous devez apporter quelque chose : des fleurs, du vin, des chocolats…

Vous devez attendre que la maîtresse de maison commence à manger pour commencer vous-même.

Quand on vous invite à dîner à 20 h, il faut arriver entre 20 h et 20 h 15.

Quand on vous présente quelqu'un, vous devez serrer la main de cette personne.

• Répondez aux questions pour préparer la discussion.

• Donnez votre opinion. Discutez avec les autres apprenants.

1. Les règles de politesse dans votre pays sont-elles différentes? Expliquez.

....

2. Pouvez-vous donner d'autres règles de politesse importantes?

....

....

....

3. Qu'est-ce que vous pensez de ces règles françaises?

....

■ 12 ■ Réagissez.

• Décrivez le dessin. Quelles personnes ne respectent pas les règles de la politesse française?

• Discutez avec les autres apprenants.

Donnez la réplique.

Pour chaque phrase, vous devez donner une, deux ou trois répliques différentes.
Attention, vous ne devez pas utiliser les mêmes réponses pour différentes phrases.

– « Bonjour monsieur Paul, comment allez-vous ? »

1. .... **2.** ....

– « Vous êtes marié ? »

3. .... **4.** ....

5. ....

– « C'est ta voiture ? »

6. Oui, ... **7.** Oui, ...

– « Ce sont les livres de tes amis ? »

8. Oui, ... **9.** Oui, ...

– « Ma nouvelle robe, elle te plaît ? »

10. Oui, ... **11.** Oui, ...

12. Non, ...

– « Tu aimes faire du ski ? »

13. Oui, ... **14.** Non, ...

– « Moi, j'adore le football, et toi ? »

15. .... **16.** ....

– « Moi, je n'aime pas le cinéma. »

17. .... **18.** ....

– « Qu'est-ce que tu penses de notre livre de français ? »

19. ....
....

20. ....
....

21. ....
....

22. ....
....

– « Tu veux venir avec moi au cinéma ? »

23. Oui, ... **24.** Oui, ...

25. Oui, ...

– « Vous venez dîner chez nous ce soir ? »

26. Non, ... **27.** Non, ...

28. Non, ...

– « On peut fumer dans la classe ? »

29. Non, ... **30.** Non, ...

31. Non, ...

– « On doit apprendre les leçons ? »

32. Oui, ... **33.** Oui, ...

– « C'est difficile de rencontrer des amis ! »

34. Oui, ... **35.** Oui, ...

36. Oui, ... **37.** Oui, ...

– « Les Français n'aiment pas les chiens. »

38. Non, ... **39.** Non, ...

40. Non, ...

● COMPTEZ VOS POINTS

– Vous avez **plus de 30 points** : BRAVO ! C'est très bien. Vous pouvez passer à l'unité suivante.
– Vous avez **plus de 20 points** : C'est bien mais regardez vos erreurs, cherchez les réponses possibles dans les leçons et refaites le test. Ensuite, passez à l'unité suivante.
– Vous avez **moins de 20 points** : Vous n'avez pas bien mémorisé cette unité, reprenez-la complètement (avec les corrigés), puis recommencez l'autoévaluation. Bon courage !

LEÇON 1

SITUER DANS L'ESPACE

1. Imiter

■ **OBJECTIF FONCTIONNEL :** Se repérer dans l'espace.

■ **OUTILS :** La localisation – Le logement – La ville – Comment dire *oui* ou *non*.

■ **1** ■ *Répondez.* 🎧 ÉCOUTE 1

• *Écoutez et répondez oralement.*

1. Dans chaque dialogue, qu'est-ce que la première personne cherche?
2. Quelles sont les réponses?

■ **2** ■ *Répétez.* 🎧 ÉCOUTE 2

Attention à l'intonation!

■ **3** ■ *Jouez la scène.*

• *Jouez les dialogues avec un partenaire.*

– Où est la voiture?
– Devant le garage.

– La place des Arts, c'est où?
– À côté de la gare.

– Où se trouve ton école?
– Derrière le cinéma.

– Tu sais où sont mes lunettes?
– Sur ton bureau.

– Est-ce que vous pouvez me dire où se trouvent les toilettes?
– Dans le couloir, à droite.

OUTILS

Demander où sont les objets, les lieux et les personnes
• **Où est** mon stylo?
• **Où sont** tes enfants?
• **Où se trouve** la piscine?
• **Vous savez où se trouvent** les livres?
• **Tu peux me dire où est** la clé?
• La bibliothèque, ***c'est où**? (seulement pour les lieux)

Situer dans l'espace
Le chat est …

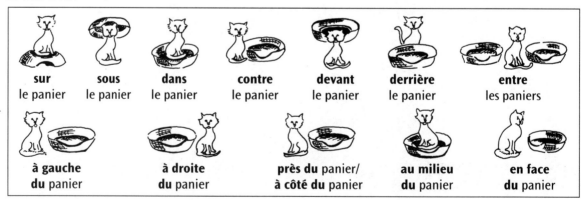

| **sur** le panier | **sous** le panier | **dans** le panier | **contre** le panier | **devant** le panier | **derrière** le panier | **entre** les paniers |

| **à gauche du** panier | **à droite du** panier | **près du** panier/ **à côté du** panier | **au milieu du** panier | **en face du** panier |

■ **4** ■ *Faites passer la parole.*

• *Comme dans les exemples, posez des questions à votre partenaire et répondez.*
Exemples : **A** – Tu sais où est mon livre de français? **B** – Où se trouve ton sac?
  B – Sur la table. **C** – Sous ma chaise.

À vous…

■ 5 ■ *Échangez des informations.*

• *Placez dans votre salon tous les objets proposés. Dessinez-les.*

• *Demandez à votre partenaire où se trouvent ces objets dans son salon et dessinez-les à leur place.*

• *Répondez à ses questions.*

une plante verte
une lampe
un magazine
un chat
un vase avec des fleurs
une bouteille
un sac à dos
des chaussures

Votre salon

Le salon de votre partenaire

• *Comparez vos deux dessins pour contrôler vos réponses.*

■ 6 ■ *Informez-vous.* 🎧 Écoute 3

1. Où se passe la scène ? Qui parle ?
2. Qu'est-ce qu'il cherche ? Où se trouvent ces objets ?

• *Prenez des notes.*

....
....
....
....
....
....

• *Discutez avec les autres apprenants pour contrôler ou compléter vos informations.*

■ 7 ■ *Jouez la scène.*

A – Chérie, tu sais où est ma…

B – ....

■ 8 ■ *Interprétez.*

Vous cherchez :
– votre porte-monnaie
– vos clés
– votre dictionnaire
– votre sac
– votre parapluie
– votre ballon de football

Vous cherchez :
– votre réveil
– votre bouteille d'eau
– votre appareil photo
– vos lunettes
– votre raquette de tennis
– vos chaussures de sport

• *Par deux. Un apprenant cherche des objets et l'autre lui explique où ils se trouvent.*

• *Imaginez les deux dialogues.*

....
....
....
....
....
....
....
....

• *Jouez les scènes avec votre partenaire.*

OUTILS

Le logement
• Un studio, un appartement avec balcon ou terrasse, au rez-de-chaussée, au premier étage... – Une maison avec jardin, garage.
• Le salon : un canapé, un fauteuil, une table basse, une bibliothèque, des étagères.
• La salle à manger : un buffet, une table, une chaise.
• La chambre : un lit, une table de nuit, une armoire, une commode avec des tiroirs.
• La cuisine : un réfrigérateur (*un frigo), une cuisinière, un placard, un évier, un lave-vaisselle.
• La salle de bains : un lavabo, une douche, une baignoire, un lave-linge.
• Les toilettes.

9 ■ Devinez.

• *Regardez le dessin et choisissez un personnage. Vous êtes ce personnage.*

• *Posez des questions aux autres apprenants pour deviner qui ils sont.*

• *Répondez aux questions des autres apprenants.*

Exemples : – Est-ce que tu es **devant** le café ?   – **Pas du tout.**

         – Est-ce que tu es **sur** la place ?   – **Absolument**

         – Est-ce que tu es **près de** la statue ?   – **Tout à fait.**

         – À **droite de** la statue ?   – **Oui.**

         – Tu es la dame avec le petit chien ?   – **Exactement.**

OUTILS

La ville

• Les commerces : une boulangerie, une épicerie, un supermarché, une pharmacie, une librairie, un magasin de chaussures, une boutique de vêtements, un salon de coiffure, un kiosque à journaux, un café, un restaurant, un hôtel, une banque.

• La mairie, l'église, l'école, le jardin public, la piscine, la poste, le commissariat de police, la gare, l'office du tourisme, un parking.

• Une place, un carrefour, une rue, un trottoir, un passage piétons, un feu rouge, une statue.

10 ■ Interprétez.

• *Avec votre partenaire, choisissez deux personnages dans le dessin et imaginez un dialogue.*

• *Les deux personnes parlent de la ville et se posent des questions.*

■ 11 ■ *Mettez-vous d'accord.*

• *Ces personnes cherchent un logement.*

• *Décrivez ces quatre logements. A votre avis, quel logement chaque groupe va-t-il choisir ?*
• *Discutez et justifiez vos choix.*

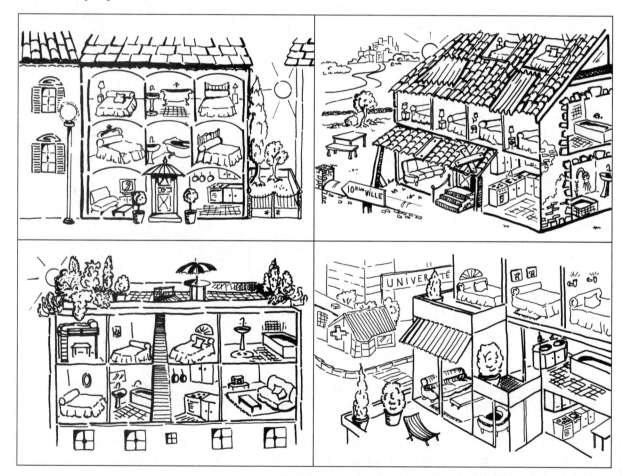

OUTILS

Se loger
• Un logement calme ou bruyant, sombre ou clair et ensoleillé, moderne ou ancien, cher ou bon marché, en bon état ou en mauvais état, confortable, pratique, isolé, avec ou sans ascenseur.
• Louer un logement – Payer un loyer – Être locataire – Habiter en colocation.
• Acheter un logement – Prendre un crédit – Être propriétaire.

■ 12 ■ *Informez-vous.*

• *Lisez le texte.*

| **Les Français et leur logement.** | Le logement est très important pour les Français. 56 % des familles habitent dans une maison, et 44 % dans un appartement. Beaucoup de Français préfèrent acheter leur logement. Aujourd'hui, 54 % | sont propriétaires. En général, ils achètent leur premier logement vers trente-cinq ans. Presque tous les Français ont un réfrigérateur, une télévision et un lave-linge, et 42 % ont un lave-vais- | selle. Ils vivent beaucoup dans le salon, c'est la pièce principale de la maison. Là, ils discutent, regardent la télévision, se reposent, jouent avec les enfants ou reçoivent des amis. ■ |

• *Préparez des questions sur le texte.*

....

....

....

....

• *Posez vos questions et répondez aux questions des autres apprenants.*

■ 13 ■ *Discutez.*

• *Répondez aux questions pour préparer la discussion.*

• *Donnez votre opinion. Discutez avec les autres apprenants.*

1. Dans votre pays, est-ce que les gens préfèrent habiter dans des maisons ou dans des appartements?

....

2. Et vous, que préférez-vous? Pourquoi?

....

3. Dans votre pays, est-ce que les gens préfèrent être propriétaires ou locataires?

....

4. Connaissez-vous des logements français? Qu'est-ce que vous aimez et qu'est-ce vous n'aimez pas dans ces logements?

....

5. À votre avis, est-ce qu'il y a des différences entre les logements français et les logements de votre pays? (les pièces, les meubles, le mode de vie…)

....

■ 14 ■ *Réagissez.*

• *Décrivez les deux dessins.*

• *Qu'est-ce que vous préférez: les villes modernes ou les villes anciennes? Pourquoi?*

• *Discutez avec les autres apprenants.*

 **LEÇON 2**

S'ORIENTER

■ **OBJECTIF FONCTIONNEL :** Demander et indiquer le chemin – Donner des instructions – Dire qu'on ne comprend pas, faire répéter.

■ **OUTILS :** L'orientation – L'impératif – Notions de géographie.

■ 1 ■ *Répondez.* 🎧 ÉCOUTE 1

• *Écoutez et regardez.*

• *Répondez oralement.*

1. Que se passe-t-il dans ces dialogues ?
2. Qu'est-ce que ces personnes cherchent ?
3. Comment demandent-elles leur chemin ?

■ 2 ■ *Répétez.* 🎧 ÉCOUTE 2

Attention à l'intonation !

■ 3 ■ *Jouez la scène.*

• *Jouez les dialogues avec un partenaire.*

– Pardon madame, je cherche le cinéma Royal, s'il vous plaît ?
– C'est par là.

– S'il vous plaît monsieur, je cherche l'université, vous pouvez m'indiquer le chemin ?
– Bien sûr. Elle est derrière vous.

– Excusez-moi, pour aller à la piscine, s'il vous plaît ?
– Désolée, je ne sais pas.

– Pardon monsieur, vous connaissez le chemin pour aller à la gare ?
– La gare ? Elle est là, en face de vous.

OUTILS

Demander son chemin

	Je cherche…
• Pardon, …	Vous pouvez m'indiquer où est… ?
• Excusez-moi, …	Vous pouvez m'indiquer le chemin de… ?
• S'il vous plaît, …	Vous savez comment on va à… ?
	Vous connaissez le chemin pour aller à… ?
	Pour aller à… ?

■ **4** ■ *Faites passer la parole.*

• *Comme dans les exemples, posez des questions à votre partenaire et répondez.*

Exemples : **A** – Tu sais comment on va au théâtre?   **B** – Pardon monsieur, je cherche la bibliothèque?
           B – Pas du tout.   **C** – C'est par là, mademoiselle.

À vous…

OUTILS

Indiquer le chemin

• Vous continuez tout droit. – Vous allez tout droit.

• Vous tournez à droite. – Vous prenez à droite/la première (deuxième…) rue à droite/à gauche.

• Vous traversez la place, la rue, le carrefour.

• Vous allez au bout de la rue. Au bout de la rue, vous tournez à droite…

• Vous allez jusqu'à la gare, jusqu'au garage…

■ **5** ■ *Jouez la scène.* 🎧 Écoute 3

1. Notez où ils vont et comment ils demandent leur chemin.

....

....

2. Notez comment les personnes indiquent le chemin.

....

....

• *Jouez les scènes.*

■ **6** ■ *Échangez des informations.*

• *Placez les quatre magasins suivants sur le plan.*

1er apprenant (sur les cases blanches) : une épicerie, un magasin de chaussures, une librairie, une pâtisserie.

2e apprenant (sur les cases grises) : une boutique de vêtements, une boulangerie, un kiosque à journaux, une bijouterie.

• *Choisissez votre point de départ. Demandez votre chemin à votre partenaire pour aller dans les magasins que vous ne connaissez pas. Utilisez les outils.*

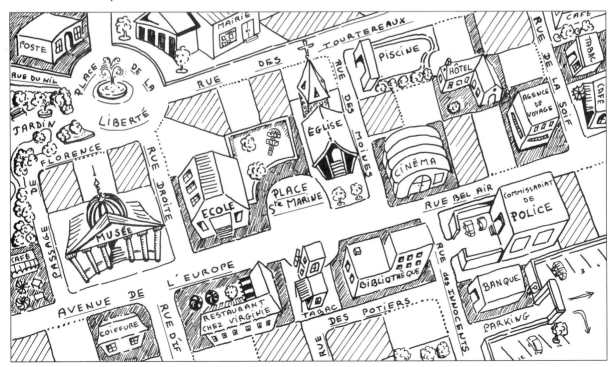

■ **7** ■ *Répondez.* 🎧 ÉCOUTE 4

• *Écoutez et répondez oralement.*

1. Où se passe la scène?
2. Qui sont les deux personnes?
3. Qu'est-ce que la femme cherche?
4. Pouvez-vous répéter les explications de l'homme?
5. Est-ce que la femme comprend bien les explications? Justifiez votre réponse.

OUTILS

Donner des instructions : l'impératif
• Tourne à droite! Sors de la gare! Prends cette rue! Va tout droit!
  Tournons…! Sortons…! Prenons…! Allons…!
  Tournez…! Sortez…! Prenez…! Allez…!
• Ne tourne pas…! Ne sors pas…! Ne prends pas…! Ne va pas…!

Dire qu'on ne comprend pas, faire répéter
• Pardon? Comment? Qu'est-ce que vous dites? Vous pouvez répéter, s'il vous plaît. Excusez-moi, je ne comprends pas.

■ **8** ■ *Interprétez.*

• *Choisissez un rôle. Préparez le dialogue.*

....

....

....

....

....

....

• *Jouez la scène avec votre partenaire.*

▦ **9** ▦ *Donnez la réplique.*

• *Comme dans les exemples, imaginez la réplique qui suit à l'impératif.*

Exemples : **A** – J'ai faim ! **B** – Je suis fatigué.

        B – Mange un gâteau ! **C** – Ne sors pas !

Un apprenant dit la première phrase avec l'intonation adaptée, le deuxième lui donne la réplique.

Premières phrases.

J'ai soif – J'ai chaud – J'ai froid – J'ai mal à la tête – Je suis en retard – Je n'ai pas d'argent – Je suis triste – Il fait beau – Il est bon ce gâteau ! – Je suis gros/se !

▦ **10** ▦ *Justifiez vos choix.*

• *Regardez ces deux projets pour le futur jardin public de votre ville.*

• *Quel projet préférez-vous ?*
• *Pourquoi ? Préparez vos explications.*

....

....

....

....

....

....

• *Expliquez votre choix et discutez avec les autres apprenants.*

▦ **11** ▦ *Jouez.*

• *Un apprenant donne des instructions aux autres. Il utilise l'impératif.*

Exemple : Regardez à droite ! Marchez jusqu'à la porte ! Allez près du tableau !…

• *Les autres doivent faire ce qu'il dit.*

■ 12 ■ *Mettez-vous d'accord.*
La famille Dupré doit déménager.

– Monsieur Dupré est directeur commercial dans une grande société française. Il habite à Marseille avec sa famille. Il doit quitter sa ville. Sa société lui propose quatre postes dans quatre villes différentes : Brest, Bruxelles en Belgique, Grenoble ou Pékin en Chine.
– Les Dupré doivent choisir dans quelle ville ils veulent habiter.

• *Choisissez un rôle et discutez avec les autres personnes de la famille.*

■ 13 ■ *Devinez.*

• *Quelle est cette ville ?*

– C'est une grande ville du nord de l'Europe.   – Il pleut souvent dans cette ville.
– Elle est sur une île.   – C'est une capitale.
– Ses habitants ne parlent pas français.   – Dans ce pays, il y a une reine.
– Ils aiment le thé.   – Dans cette ville, il y a une tour très célèbre.

• *À vous… Choisissez une ville et présentez-la comme dans l'exemple.*

OUTILS

Parler d'une ville, d'un pays
• Le nord, le sud, l'est, l'ouest – le centre.
• Une île – un océan – un continent – un pays – une capitale – une région.
• Le roi – la reine – le président – les habitants.
• Un monument – un château – un palais – une tour – une horloge.

■ 14 ■ *Informez-vous.*

• *Lisez le texte.*

> ## Les Français bougent
>
> Les Français se déplacent de plus en plus pour leurs loisirs, mais aussi pour leur travail. Certains quittent leur région pour s'installer ailleurs. Les plus jeunes vont principalement dans la région parisienne pour trouver du travail. D'autres Français préfèrent le sud du pays pour avoir une meilleure qualité de vie près de la mer et au soleil. Beaucoup de Français sont d'origine étrangère. Aujourd'hui encore, de nombreux étrangers viennent travailler en France. ■

• *Préparez des questions sur le texte.*

....

....

....

....

• *Posez vos questions et répondez aux questions des autres apprenants.*

■ 15 ■ *Discutez.*

• *Répondez aux questions pour préparer la discussion.*

• *Donnez votre opinion. Discutez avec les autres apprenants.*

1. Habitez-vous dans la région où vous êtes né(e)?

....

2. Est-ce que dans votre pays les gens changent facilement de région? Pourquoi?

....

3. Dans quelles régions les gens préfèrent-ils habiter? Pourquoi?

....

4. Est-ce qu'il y a beaucoup d'étrangers dans votre pays? De quelle nationalité?

....

5. Est-ce que les habitants de votre pays vont souvent travailler à l'étranger? Où? Pourquoi?

....

6. Est-ce que vous voulez habiter dans un pays étranger? Quel pays? Pourquoi?

....

■ 16 ■ *Réagissez.*

• *Décrivez le dessin. Expliquez la situation.*

• *Qu'est-ce que vous pensez de cette famille? Est-ce que c'est difficile de vivre avec une personne différente? Pourquoi?*

• *Discutez avec les autres apprenants.*

■ **OBJECTIF FONCTIONNEL :** Se repérer dans le temps – Organiser un voyage.

■ **OUTILS :** Les moyens de transport – Dire qu'on est déçu – Poser des questions.

■ 1 ■ *Répondez.* 🎧 ÉCOUTE 1

• *Écoutez et regardez.*

• *Répondez oralement.*
1.   Que se passe-t-il dans ces dialogues ?
2.   Pour chaque image, donnez les différentes possibilités de dire l'heure.

■ 2 ■ *Répétez.* 🎧 ÉCOUTE 2

Attention à l'intonation !

■ 3 ■ *Jouez la scène.*

• *Jouez les dialogues avec un partenaire.*

– Quelle heure est-il ?
– Il est quatre heures moins dix.

– Vers quelle heure vous arrivez ?
– Vers onze heures vingt, je crois.

– De quelle heure à quelle heure le bureau est ouvert ?
– De huit heures quarante-cinq à dix-sept heures quinze.

– À quelle heure tu pars ?
– À midi et demi.

– Jusqu'à quelle heure vous restez ici ?
– Jusqu'à trois heures moins le quart.

OUTILS

Parler de l'heure
• Il est **quelle heure** ? – **Quelle heure** est-il ?
  Il est deux heures.
• Vous mangez **à quelle heure** ? – **À quelle heure** mangez-vous ?
  À midi.
• Il arrive **vers quelle heure** ? – **Vers quelle heure** arrive-t-il ?
  Vers sept heures.
• Tu dors **jusqu'à quelle heure** ? – **Jusqu'à quelle heure** dors-tu ?
  Jusqu'à midi.
• Tu travailles **de quelle heure à quelle heure** ? – **De quelle heure à quelle heure** travailles-tu ?
  De 9 heures **à** 18 heures.

■ 4 ■ *Faites passer la parole.*

• *Comme dans les exemples, posez des questions à votre partenaire et répondez.*

Exemples : **A** – Le cours finit à quelle heure ?   **B** – Jusqu'à quelle heure tu regardes la télé le soir ?
              B – À midi et demi.   **C** – Jusqu'à onze heures, onze heures et demie.

À vous...

■ 5 ■ *Échangez des informations.*

• *Aujourd'hui, vous devez : aller au cinéma, déjeuner avec un ami, jouer au tennis, étudier le français, aller chercher une amie à la gare, faire les courses.*

• *Écrivez sur votre agenda quand vous devez faire ces activités.*

• *Posez des questions à votre partenaire pour savoir : à quelle heure…, vers quelle heure…, jusqu'à quelle heure… ou de quelle heure à quelle heure… il fait ces activités.*

• *Notez ses réponses sur son agenda.*

AGENDA		AGENDA	
	Mon agenda		L'agenda de mon partenaire
8 h		8 h	
9 h		9 h	
10 h		10 h	
11 h		11 h	
12 h		12 h	
13 h		13 h	
14 h		14 h	
15 h		15 h	
16 h		16 h	
17 h		17 h	
18 h		18 h	
19 h		19 h	
20 h		20 h	
21 h		21 h	

■ 6 ■ *Informez-vous.* 🎧 Écoute 3

1. À votre avis, qui sont les deux personnes du dialogue?
2. De quel jour parlent-elles?
3. Qui dîne à la maison ce soir-là?
4. Quel est leur programme de la journée? Notez à quelle heure ils font chaque activité.

• *Prenez des notes*

....

....

....

....

....

....

....

....

....

....

• *Discutez avec les autres apprenants pour contrôler ou compléter vos informations.*

■ 7 ■ *Jouez la scène.*

A – Qu'est ce qu'on fait samedi?

B – ....

■ 8 ■ *Répondez.* 🎧 Écoute 4

• *Écoutez et répondez oralement.*

1. Où se passe la scène?
2. Qui sont les deux personnes?
3. Quelles informations entendez-vous sur le voyage de l'homme.
4. Est-il satisfait? Que dit-il?

■ 9 ■ *Jouez la scène.*

A – Bonjour madame, un billet pour Marseille, s'il vous plaît.

B – ....

OUTILS

Prendre le train
• La gare – le quai – la voie – la SNCF – le TGV – la voiture.
• Acheter un billet – un aller simple, un aller-retour – une place fenêtre ou couloir, fumeur ou non-fumeur, en première classe, en seconde.

Dire qu'on est déçu
• C'est dommage! – Quel dommage! – C'est bête! – *C'est pas de chance! – *Zut alors! – *Mince!

■ 10 ■ *Interprétez.*

• *Choisissez un rôle. Préparez le dialogue.*

....

....

....

....

....

• *Jouez la scène avec votre partenaire.*

■ 11 ■ *Racontez.*

• *Regardez les dessins. Présentez les personnages et racontez cette histoire.*

OUTILS

Poser des questions

• Tu pars **quand**? Quand est-ce que tu pars? Quand pars-tu?
  Je pars lundi. Je pars **le** 3 mars. Je pars **en** janvier.
• Tu voyages **avec qui**? Avec qui est-ce que tu voyages? Avec qui voyages-tu?
  Je voyage **avec** ma copine.
• Tu vas **chez qui**? Chez qui est-ce que tu vas? Chez qui vas-tu?
  Je vais **chez** des amis.
• Tu viens **d'où**? D'où est-ce que tu viens? D'où viens-tu?
  Je viens **de** Bruxelles, **de** France, **du** Mexique, **des** États-Unis.
• Tu restes ici **combien de temps**? Combien de temps est-ce que tu restes ici?
  Je reste cinq minutes, trois jours, une semaine, un mois…

■ 12 ■ *Interprétez.*

• *Choisissez un rôle. Préparez le dialogue entre les deux personnes de la bande dessinée.*

....
....
....
....
....
....
....
....

• *Jouez la scène avec votre partenaire.*

■ **13** ■ *Discutez.*

• *Regardez ces trois moyens de transport pour circuler en ville.*

• *Quels sont les avantages et les inconvénients du vélo, de la voiture et du bus?*

• *Quel moyen de transport préférez-vous? Pourquoi?*

• *Discutez avec les autres apprenants.*

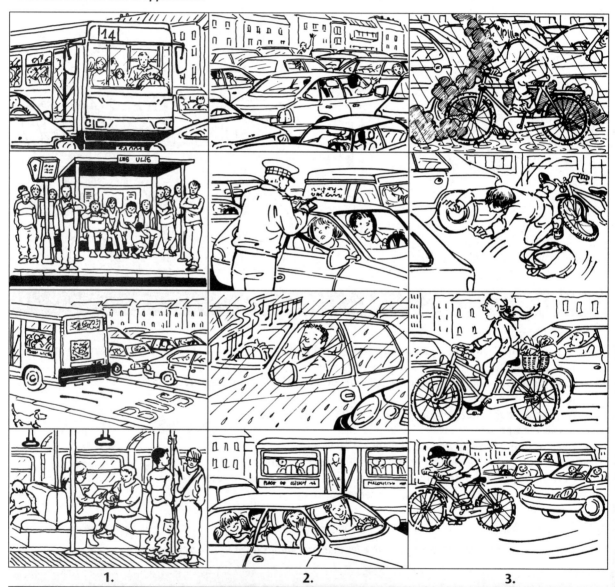

1. 2. 3.

OUTILS

Circuler dans la ville

• Les transports en commun – Prendre le bus – Acheter un ticket – Attendre à l'arrêt de bus.
Les bus circulent dans des couloirs (routes spéciales) – Descendre dans une station de métro.
• Un automobiliste conduit une voiture – Un cycliste fait du vélo – Il circule sur une piste cyclable.
• Un embouteillage, un bouchon – La pollution (polluer) – Un accident – Une amende.

Les avantages et les inconvénients

• Quels sont les avantages ou les inconvénients de quelque chose?

■ 14 ■ *Informez-vous.* 🎧 Écoute 5

• *Écoutez et préparez des questions sur le dialogue.*

....

....

....

• *Posez vos questions et répondez aux questions des autres apprenants.*

■ 15 ■ *Discutez.*

• *Répondez aux questions pour préparer la discussion.*

• *Discutez avec les autres apprenants.*

1. Comment les gens voyagent-ils dans votre pays? En train, en car, en voiture…?

....

2. Quel moyen de transport préférez-vous? Pourquoi?

....

3. Chez vous, est-ce que les gens aiment visiter leur pays? Où aiment-ils aller?

....

4. Et vous, connaissez-vous bien votre pays? Quelle région préférez-vous? Pourquoi?

....

5. Est-ce que des étrangers viennent visiter votre pays? D'où viennent-ils?

....

6. Qu'est-ce qu'ils veulent voir chez vous?

....

7. Quel pays voulez-vous visiter? Pourquoi?

....

■ 16 ■ *Réagissez.*

• *Décrivez les dessins. Expliquez les situations.*

• *Souhaitez-vous participer à l'un de ces voyages? Pourquoi? Discutez avec les autres apprenants.*

Posez la question ou donnez la réplique

Pour chaque phrase, vous devez trouver une, deux ou trois questions ou réponses.
Attention, vous ne devez pas utiliser les mêmes questions ou réponses pour différentes phrases.

1. ....?

2. ....?

3. ....?
– « Où est la gare? Elle est à droite du cinéma, en face de la mairie. »

4. ....?

5. ....?

6. ....?
– « Pour aller à la mairie, vous continuez tout droit puis vous tournez à gauche. »

7. ....?

8. ....?

9. ....?
– « Vous ne comprenez pas? c'est facile, je répète… »

– « L'hôpital, s'il vous plaît? »

10. ....

– « La place du marché s'il vous plaît? »

11. ....

– « La rue Victor-Hugo, s'il vous plaît? »

12. ....

– « Vous êtes propriétaire? »

13. Non, ...

– « Qu'est-ce qu'il y a dans votre salon? »

14. ....

15. – « Et dans votre chambre? » ....

16. – « Et dans votre cuisine? » ....

– « Est-ce que votre appartement est calme et ensoleillé? »

17. – Non, ...

– « Il est moderne et très cher, je crois ? »

18. – Non, ...

– « Où est mon ballon ? »

19. ....

20. – « Et mon sac ? » ....

21. – « Et mes lunettes ? » ....

22. – « Et ma raquette ? » ....

23. – « Et mes chaussures ? » ....

24. – « Et le chat ? » ....

25. – « Vous voulez un aller simple pour Nîmes ? » – Non, ...

26. – « Vous partez quand ? » ....

– « Je suis désolé madame, il n'y a plus de place. »

27. .... **28.** ....

– « J'ai faim ! » (Utilisez l'impératif).

29. .... **30.** ....

31. .... **32.** ....

– « Je suis très fatigué. » (Utilisez l'impératif).

33. .... **34.** ....

35. .... **36.** ....

37. .... ? Je voyage avec ma sœur.

38. .... ? Il vient de Tokyo.

39. « Où achetez-vous le pain ? » ....

40. « Et vos livres ? » ....

COMPTEZ VOS POINTS

Vous avez **plus de 30 points** : BRAVO ! C'est très bien. Vous pouvez passer à l'unité suivante.

Vous avez **plus de 20 points** : C'est bien, mais regardez vos erreurs, cherchez les réponses possibles dans les leçons et refaites le test. Ensuite, passez à l'unité suivante.

Vous avez **moins de 20 points** : Vous n'avez pas bien mémorisé cette unité, reprenez-la complètement (avec les corrigés), puis recommencez l'autoévaluation. Bon courage

■ **OBJECTIF FONCTIONNEL :** Communiquer par téléphone – Fixer un rendez-vous.

■ **OUTILS :** Les pronoms compléments COD et COI avec le présent et l'impératif – Les moyens de communication.

■ **1** ■ *Répondez.* 🎧 ÉCOUTE 1

• *Écoutez et répondez oralement.*

1. Ces gens téléphonent. Ils veulent parler à quelqu'un. Que disent-ils?

2. La personne est là… / elle n'est pas là : quelles sont les réponses?

■ **2** ■ *Répétez.* 🎧 ÉCOUTE 2

• *Attention à l'intonation!*

■ **3** ■ *Jouez la scène.*

• *Jouez les dialogues avec un partenaire.*

– Allô, je suis bien chez Virginie?
– Oui, ne quittez pas, je vous la passe. Virginie, c'est pour toi !

– Allô, Françoise, est-ce que je peux parler à Nicolas, s'il te plaît?
– Oui, un instant, je te le passe.
– Merci.

– Allô, le docteur Verdier est là, s'il vous plaît?
– Non, mais vous pouvez rappeler vers trois heures?
– Oui d'accord, merci.

– Allô, bonjour, je voudrais parler à monsieur Blanc, s'il vous plaît.
– Je suis désolée, il n'est pas là. Vous voulez laisser un message?
– Non merci, ce n'est pas urgent.

OUTILS

Au téléphone (1)

Pour parler à quelqu'un	La personne est là	La personne n'est pas là
• Allô, je voudrais parler à Julie.		
• Allô, est-ce que je peux parler à Julie ?	• Ne quittez pas…	• Vous voulez laisser un message?
• Allô, vous pouvez me passer Julie ?	• Un instant, je vous le/la passe	• Vous pouvez rappeler…?
• Allô, je suis bien chez Julie?		
• Allô, est-ce que Julie est là ?		

■ **4** ■ *Faites passer la parole.*

• *Comme dans les exemples, posez des questions à votre partenaire et répondez.*

Exemples :

A – Allô, Sophie, est-ce que je peux parler à Jérémie?

B – Ah non il n'est pas là, tu peux rappeler plus tard?

A – D'accord, à tout à l'heure.

B – Allô, vous pouvez me passer madame Leroy, s'il vous plaît?

C – Oui, ne quittez pas, je vous la passe.

B – Merci.

À vous…

■ 5 ■ *Informez-vous.* 🎧 Écoute 3

1. Pourquoi est-ce que Béatrice ne peut pas parler à monsieur Dufour?
2. Qu'est-ce que la secrétaire propose à Béatrice? (deux propositions)
3. Quel est le message de Béatrice?
4. Quel est son numéro de téléphone?

• *Prenez des notes.*

....

....

....

....

....

• *Discutez avec les autres apprenants pour contrôler ou compléter vos informations.*

■ 6 ■ *Jouez la scène.*

A – Allô bonjour, je voudrais parler à monsieur Dufour, s'il vous plaît.

B – ....

OUTILS

Au téléphone (2)

• Il n'est pas là = Il est absent. – Il est occupé = Il n'est pas libre. – Il est au téléphone = Il est en ligne.
• C'est de la part de qui?
• Il a votre numéro? – C'est le ...
• Téléphoner = donner un coup de fil = appeler – Le téléphone sonne.

■ 7 ■ *Échangez des informations.*

• *À deux, choisissez chacun votre société.*

• *Pour chaque personne de votre société, notez si elle est là, si elle est occupée, ou si elle est absente.*

• *Téléphonez à votre partenaire pour parler aux personnes de sa société. Dialoguez.*

SOCIÉTÉ NOVIS	SOCIÉTÉ PRIMO
Monsieur Mignot	Guillaume Morel
Mélanie	La directrice
Jérôme Duplan	Christophe
Le docteur Martial	Madame Delmas

■ 8 ■ *Devinez.*

• *Qui est-ce ?*
– Elle **nous** connaît bien.
– On **la** voit souvent.
– On peut **lui** ressembler.
– On **l'**aime toute la vie.

– On **lui** sourit. On **l'**embrasse.
– On doit **l'**écouter quand on est petit.
– On **lui** parle et elle **nous** comprend.
– Elle **nous** aide dans les moments difficiles.

• *À vous… Choisissez une personne et présentez-la comme dans l'exemple.*

OUTILS

Le pronom complément d'objet direct

Je **le** connais. (le directeur/le disque)
Je **la** regarde. (Marie/la télévision)
Je peux **les** comprendre. (les enfants/les livres)
Elle **me/te/nous/vous** écoute.

Verbe + quelque chose ou quelqu'un :
aider, aimer, appeler, attendre, chercher, connaître, écouter, embrasser, inviter, regarder, rencontrer, trouver…

Le pronom complément d'objet indirect

Je **lui** téléphone. (à ma mère, au voisin)
Je dois **leur** parler. (à mes amies, aux enfants)
Elle **me/te/nous/vous** sourit.

Verbe + à quelqu'un : plaire, ressembler…

■ 9 ■ *Interprétez.*

• *Choisissez un rôle. Préparez le dialogue.*

....
....
....
....

• *Jouez la scène avec votre partenaire.*

■ **10** ■ *Informez-vous.* 🎧 Écoute 4

1. Pourquoi est-ce que Carole téléphone à Simon ?
2. Quelles informations entendez-vous sur la soirée ?

• *Prenez des notes.*

....

....

....

....

• *Discutez avec les autres apprenants pour contrôler ou compléter vos informations.*

■ **11** ■ *Jouez la scène.*

A – Allô, bonjour, c'est Carole, est-ce que je peux parler à Simon ?

B – ....

OUTILS

Un rendez-vous

• Je voudrais prendre rendez-vous avec le docteur Pitot.
Rendez-vous à huit heures, devant le restaurant, d'accord ?
Où est-ce qu'on se donne rendez-vous ? On se retrouve où, à quelle heure ?

• Ça te va ? = ça te convient ? / Ça vous va ? = ça vous convient ?

Les pronoms compléments avec l'impératif

COD		COI	
Invite-**moi** !	Ne **m'**invite pas !	Téléphone-**moi** !	Ne **me** téléphone pas !
Invite-**le**/invite-**la** !	Ne **l'**invite pas !	Téléphone-**lui** !	Ne **lui** téléphone pas !
Invite-**nous** !	Ne **nous** invite pas !	Téléphone-**nous** !	Ne **nous** téléphone pas !
Invite-**les** !	Ne **les** invite pas !	Téléphone-**leur** !	Ne **leur** téléphone pas !

■ **12** ■ *Interprétez.*

• *Vous devez sortir avec un ami ou une amie.*

• *Choisissez où vous voulez aller. Prenez rendez-vous : précisez l'heure et le lieu du rendez-vous.*

• *Préparez le dialogue.*

....

....

....

....

• *Jouez la scène.*

■ **13** ■ *Justifiez vos choix.*

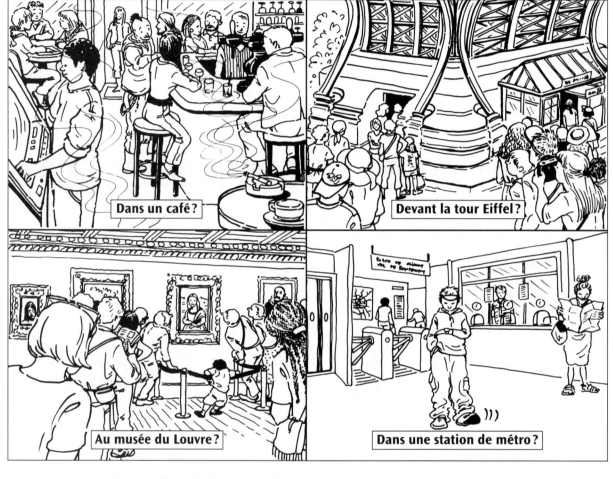

Dans un café ?

Devant la tour Eiffel ?

Au musée du Louvre ?

Dans une station de métro ?

- *Vous devez arriver à Paris dimanche après-midi, mais vous ne savez pas exactement à quelle heure.*
- *Vous téléphonez à votre ami pour lui donner un rendez-vous.*
- *Discutez pour choisir où vous pouvez vous retrouver.*
- *Justifiez vos choix : qu'est-ce qui est le plus facile, le plus agréable, le plus pratique… ?*

....

....

....

....

....

....

OUTILS

Communiquer

- Allumer ou éteindre son portable, son ordinateur.
- Envoyer ou recevoir un message, un SMS
- Communiquer avec quelqu'un, communiquer par Internet.
- Donner son adresse mail.

▩ 14 ▩ *Informez-vous.*

• *Lisez le texte.*

| **Comment communique-t-on ?** | Les Français écrivent très peu de lettres. Ils envoient encore quelques cartes postales quand ils sont en vacances, des invitations quand ils se marient ou des faire-part quand ils ont un bébé. | Depuis longtemps, on utilise le téléphone, plus rapide et plus direct que le courrier. Aujourd'hui, beaucoup de Français préfèrent le portable et Internet. Ils peuvent communiquer 24 heures sur 24 et les jeunes adorent | ça. Ils envoient des SMS à leurs amis jour et nuit ou discutent pendant des heures avec des inconnus sur des sites Internet. ▪ |

• *Préparez des questions sur le texte.*

....

....

....

....

• *Posez vos questions et répondez aux questions des autres apprenants.*

▩ 15 ▩ *Discutez.*

• *Répondez aux questions pour préparer la discussion.*

• *Donnez votre opinion. Discutez avec les autres apprenants.*

1. Écrivez-vous des lettres ou des cartes postales ? À qui ? Quand ?

....

2. Pensez-vous qu'il est nécessaire aujourd'hui d'avoir un portable ? Pourquoi ?

....

3. Où et quand faut-il éteindre son portable ?

....

4. À votre avis, le portable peut-il être dangereux ? Pourquoi ?

....

5. Utilisez-vous internet ? Pour quoi faire ?

....

6. Sommes-nous moins seuls avec tous ces moyens de communication modernes ?

....

▩ 16 ▩ *Réagissez.*

• *Décrivez le dessin et expliquez la situation.*

• *Que pensez-vous de cette situation ? Discutez avec les autres apprenants.*

■ **Objectif fonctionnel :** Parler de sa forme et de sa santé.

■ **Outils :** S'intéresser aux autres – La maladie – S'énerver – Les verbes avec COD et COI – Conseiller – Exprimer le doute.

■ **1** ■ *Répondez.* 🎧 Écoute 1

• *Regardez les dessins et décrivez ces personnes.*

• *À votre avis, comment vont-elles ?*

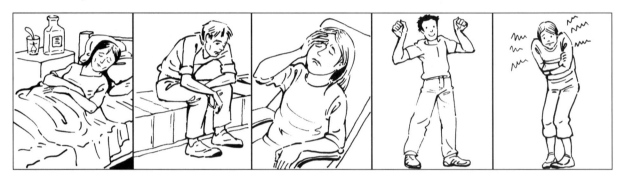

• *Écoutez les dialogues.*

■ **2** ■ *Répétez.* 🎧 Écoute 2

• *Attention à l'intonation !*

■ **3** ■ *Jouez la scène.*

• *Jouez les dialogues avec un partenaire.*

– Tu as l'air fatigué ?
– Oui, je suis malade.

– Qu'est-ce qu'il y a, ça ne va pas ?
– J'ai mal à la tête.

– Qu'est-ce qui ne va pas ?
– Oh, j'ai froid !

– Qu'est-ce qu'il y a, tu n'es pas malade ?
– Non, je suis un peu fatigué.

– Tu as l'air en forme aujourd'hui !
– Ah oui, je suis en pleine forme !

OUTILS

Parler de sa forme

• Qu'est-ce qu'il y a ?
• Qu'est-ce qui ne va pas ?
• Ça ne va pas ?
• Tu as l'air fatigué ! Tu as l'air malade !
• Tu n'as pas l'air en forme ! Tu as l'air en forme !

– Je suis malade. – Je suis fatigué/e.
– J'ai mal à la... au... aux...
– J'ai froid, j'ai chaud, j'ai faim, j'ai soif, j'ai sommeil.
– Je vais très bien. – Ça va très bien.
– Je suis en forme. – Je suis en pleine forme.

■ **4** ■ *Faites passer la parole.*

• *Comme dans les exemples, posez des questions à votre partenaire et répondez.*

Exemples : **A** – Ça ne va pas ? Tu n'as pas l'air en forme.
　　　　　　B – Non, j'ai mal au ventre !

B – Qu'est-ce qu'il y a, ça ne va pas ?
C – Mais si, je vais très bien, je suis en pleine forme !

À vous...

▒ 5 ▒ Informez-vous. 🎧 Écoute 3

1. Qu'est-ce que l'amie de Patrice pense quand elle le voit?
2. Où a-t-il mal? A-t-il d'autres problèmes? Quelles maladies peut-il avoir?

• Prenez des notes.

....
....
....
....

• Discutez avec les autres apprenants pour contrôler ou compléter vos informations.

▒ 6 ▒ Jouez la scène.

A – Allô bonjour, je voudrais parler à monsieur Dufour, s'il vous plaît.

B – ....

OUTILS

Être malade

• Il a mal au bras, à la main, au ventre, à l'estomac, au dos, aux jambes, aux pieds, à la tête, aux dents, à la gorge…
• Il tousse. – Il a de la fièvre. – Il a une angine. – Il a un rhume, il est enrhumé. – Il a la grippe. – Il a une jambe cassée, un bras cassé.

▒ 7 ▒ Échangez des informations.

• Choisissez une fiche. Pour chaque personne, choisissez une des deux images proposées.
• Demandez à votre partenaire comment vont les personnes de sa fiche et répondez à ses questions.
• Notez les réponses de votre partenaire.

Monsieur Lefèvre		Christine Nallet	
....		....	
Sonia Moulin		Bertrand Lemoine	
....		....	
Juliette Barbet		Michel Barbier	
....		....	
Frédéric Bédier		Patricia Ferret	
....		....	
Léo Charpentier		Lucas Delvaux	
....		....	

■ **8** ■ *Interprétez.*

• *Choisissez un rôle. Préparez les questions et les réponses de votre personnage.*

....

....

....

....

....

....

• *Jouez la scène avec votre partenaire.*

OUTILS

S'énerver
• J'en ai assez ! *J'en ai marre ! Ça suffit ! Arrête !
  Tu m'énerves ! Tu m'embêtes !
• Se disputer avec quelqu'un – crier – s'énerver.

OUTILS

Les verbes utilisés avec un COD et un COI
- Demander, raconter, expliquer, dire, interdire… quelque chose à quelqu'un.
- Donner, envoyer, écrire, vendre, acheter… quelque chose à quelqu'un.
- Il raconte ses vacances à son ami.   →   Il **les** raconte à son ami.
                          →   Il **lui** raconte ses vacances.

Conseiller à quelqu'un de faire quelque chose
- Je **te/vous** conseille d'aller chez le médecin.   Je **lui/leur** conseille de…
- Va/allez chez le médecin !
- Tu dois/vous devez aller chez le médecin. – Il faut aller chez le médecin.

▓ **9** ▓ *Devinez.*

- *Qui est-ce ?*
- – On **la** connaît bien.
- – On **la** voit tous les jours
- – On **lui** dit bonjour.

- – On **lui** sourit, on **lui** parle.
- – On **lui** donne de l'argent.
- – Elle **nous** vend des croissants et du pain.

- *À vous… Choisissez une profession et présentez-la comme dans l'exemple.*

▓ **10** ▓ *Mettez-vous d'accord.*

- *Regardez les dessins.*

- *Décrivez les personnages et imaginez leurs problèmes. Qu'est-ce qu'ils ne peuvent pas faire ?*

....

....

....

- *Quels conseils pouvez-vous leur donner ?*

....

....

....

- *Discutez avec les autres apprenants pour vous mettre d'accord.*

■ **11** ■ *Discutez.*

• *Décrivez les dessins. Expliquez les situations.*

• *Quels sont les problèmes des gens dans ces logements?*

• *Quels conseils pouvez-vous leur donner?*

■ **12** ■ *Mettez-vous d'accord.*

• *Ensemble, vous devez passer une semaine de vacances chez l'une de ces personnes.*

• *Choisissez où vous voulez aller et pourquoi.*

• *Discutez avec les autres apprenants pour vous mettre d'accord.*

OUTILS

Exprimer le doute
Je ne suis pas très sûr. – J'hésite. – J'ai des doutes. – Je ne sais pas trop, tu crois?

■ **13** ■ *Discutez.*

• *Lisez cette lettre envoyée à un magazine.*

• *Que pensez-vous de la situation de Philippe?*

• *Quels conseils pouvez-vous lui donner?*

• *Discutez avec les autres apprenants.*

> J'ai trente-deux ans et j'habite avec ma mère. Je suis vendeur dans un grand magasin et je suis amoureux de ma chef. Elle est jeune, belle et intelligente. Je ne sais pas comment lui parler de mon amour. J'ai peur qu'elle ne m'aime pas.
> Que dois-je faire?
>
> Philippe

■ 14 ■ *Informez-vous.* 🎧 Écoute 4

• *Écoutez et préparez des questions sur le dialogue.*

....

....

....

....

• *Posez vos questions et répondez aux questions des autres apprenants.*

OUTILS

La santé

• Être malade – Être en bonne santé.
• Se soigner – Aller à l'hôpital – Un chirurgien fait une opération.
• Acheter des médicaments à la pharmacie – Prendre des comprimés.

■ 15 ■ *Discutez.*

• *Répondez aux questions pour préparer la discussion.*
• *Donnez votre opinion. Discutez avec les autres apprenants.*

1. Dans votre pays, que fait-on quand on a un rhume, une angine, une grippe?

....

2. Est-ce que vous pouvez choisir votre médecin, changer de médecin? Est-ce que c'est bien?

....

3. Utilisez-vous beaucoup de médicaments? Pensez-vous que c'est nécessaire?

....

4. Est-ce qu'on peut se soigner d'une manière différente? Comment?

....

5. Qu'est-ce que vous pensez des habitudes françaises?

....

■ 16 ■ *Réagissez.*

• *Décrivez ce dessin. Expliquez la situation.*
• *Donnez votre opinion, discutez avec les autres apprenants.*

> ■ **OBJECTIF FONCTIONNEL :** Parler du futur.
>
> ■ **OUTILS :** Le futur proche – Situer dans le futur – Exprimer sa surprise – Changer de vie – Jouer.

■ 1 ■ *Répondez.* 🎧 ÉCOUTE 1

• *Écoutez et répondez oralement.*

1. Ces gens font des projets. Qu'est-ce qu'ils vont faire ?
2. Quand ?

■ 2 ■ *Répétez.* 🎧 ÉCOUTE 2

• *Attention à l'intonation !*

■ 3 ■ *Jouez la scène.*

• *Jouez les dialogues avec un partenaire.*
– Qu'est-ce que tu vas faire ce soir ?
– Je vais regarder la télévision, et toi ?
– Moi, je vais rester chez moi.

– Mademoiselle Sara, vous allez danser samedi soir ?
– Je ne sais pas, monsieur Jules, je vais peut-être aller au Club 07. Et vous ?
– Moi aussi, je vais aller danser. Avec vous peut-être ?

– Manuel, qu'est-ce que tu vas faire dimanche ?
– Dimanche, je vais aller chez mes parents, et toi ?
– Bof, moi, je ne sais pas ce que je vais faire.

– Laura, qu'est-ce qu'ils vont faire les enfants demain ?
– Ils vont dormir chez ma mère. Et nous, on va dîner au restaurant.
– Ah non, moi je vais voir le match de football chez Rémi !

– Qu'est-ce que tu vas faire cet après-midi avec tes amis ?
– Nous allons préparer la fête pour ce soir. Tu vas venir ?
– Bien sûr, je vais venir avec Jean-Marc.

OUTILS

Le futur proche

Demain,	je **vais travailler**	nous **allons faire** du sport
	tu **vas prendre** le train	vous **allez aller** au cinéma
	il/elle **va aller** jouer au tennis	ils/elles **vont se lever** tôt
	je ne **vais** pas **jouer** au tennis.	nous n'**allons** pas *nous* **promener**.
	La radio, je ne **vais** pas l'**écouter**.	Nicolas, je ne **vais** pas *lui* **parler**.

■ 4 ■ *Faites passer la parole.*

• *Comme dans les exemples, posez des questions à votre partenaire et répondez.*

Exemples : **A** – Antoine, qu'est-ce que tu vas faire demain ? **B** – Tes copains vont venir ce week-end ?
    B – Ben, je vais aller à l'école, et toi ? **C** – Non, ils vont jouer au football. Et toi, tu vas nager ?
    A – Moi non, je vais partir en vacances. **B** – Non, je suis fatigué, je vais me reposer.

À vous…

■ 5 ■ *Informez-vous.* 🎧 Écoute 3

1. À votre avis, qui sont les deux personnes ?

2. Qu'est-ce que l'homme veut savoir ? Qu'est-ce que la femme répond ?

• *Prenez des notes.*

....

....

....

• *Discutez avec les autres apprenants pour contrôler ou compléter vos informations.*

• *À votre avis, pourquoi il lui pose toutes ces questions ?*

■ 6 ■ *Jouez la scène.*

A – Qu'est-ce que tu vas faire ce soir ?

B – ....

OUTILS

Situer dans le futur

• Cet après-midi, ce soir – ce week-end – samedi, dimanche… – le 15 janvier, …

• Demain, demain matin, demain après-midi, demain soir – après-demain.

• Lundi **prochain**, le week-end prochain, la semaine prochaine, le mois prochain, l'année prochaine.

• **Dans** cinq minutes, dans deux heures, dans dix jours, dans trois semaines, dans six mois, dans deux ans…

■ 7 ■ *Échangez des informations.*

• *Choisissez chacun une fiche et imaginez quand vous allez faire les activités proposées.*

• *Notez les indications de temps sur votre fiche.*

• *Posez des questions à votre partenaire pour compléter sa fiche et répondez-lui.*

Exemple : **A** – Quand est-ce que tu vas aller au restaurant avec tes amis ?

         B – La semaine prochaine.

■ 8 ■ *Mettez-vous d'accord.*

• *Décrivez ces dessins et expliquez les situations.*

• *Imaginez ce qui va se passer après.*

....

....

....

....

• *Discutez avec les autre apprenants et mettez-vous d'accord.*

■ 9 ■ *Informez-vous.* 🎧 Écoute 4

1. Qui sont les deux hommes ?
2. Notez les projets de monsieur Noir.

• *Prenez des notes.*

....

....

• *Discutez avec les autres apprenants pour contrôler ou compléter vos informations.*

■ 10 ■ *Jouez la scène.*

A – Monsieur le directeur, je… je vais m'en aller.

B – ....

OUTILS

Exprimer sa surprise et ses doutes
• C'est vrai ? – Ah bon ? – Non ! – Ce n'est pas vrai ? – Vous êtes sûr ? – Vraiment ?
• Tu plaisantes ! – Tu rigoles ! – Pas possible !

Changer de vie
• Je vais m'en aller = je vais partir, je vais quitter mon travail, ma femme…
• Je vais devenir gentil, calme… – Je vais devenir policier, médecin…

■ 11 ■ Interprétez.

• *Choisissez un rôle. Préparez les dialogues.*

....
....
....
....
....
....
....
....

• *Jouez les scènes avec votre partenaire.*

■ 12 ■ Donnez la réplique.

• *Comme dans les exemples, imaginez la réplique qui suit au futur proche.*

Exemples : **A** – Tu connais la tour Eiffel ?　　　　**B** – Tu parles français ?
　　　　　　B – Non, je vais la visiter la semaine prochaine.　**C** – Non, mais je vais apprendre.
Un apprenant dit la première phrase avec l'intonation adaptée ; le deuxième lui donne la réplique.
Premières phrases :
Julie est malade ? – J'ai faim. – J'aime lire. – J'ai une nouvelle maison. – Elles sont belles ces fleurs ! – Roland est là ? – Sophie est toujours avec Paul ?

■ **13** ■ *Discutez.*

• *Imaginez. Vous partez ensemble sur cette île déserte. Vous allez vivre là-bas trois mois.*

• *Où allez-vous dormir? Qu'est-ce que vous allez manger? Comment allez-vous préparer la cuisine? Qu'est-ce que vous allez faire d'autre? Qui va faire quoi?*

• *Discutez avec les autres apprenants pour organiser vos vacances sur l'île.*

■ **14** ■ *Mettez-vous d'accord.*

• *Pour votre séjour dans l'île, vous pouvez emporter six objets.*

• *Qu'est-ce que vous allez emporter? Pourquoi?*

• *Qu'est-ce que vous allez faire avec ces objets?*

• *Discutez avec les autres apprenants et mettez-vous d'accord sur la liste des six objets.*

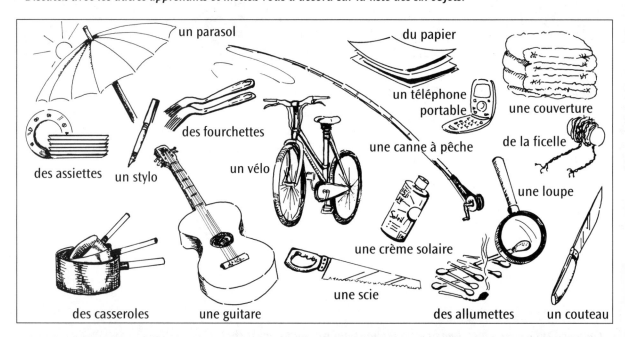

OUTILS

Jouer

• On peut jouer à différents jeux : aux courses, au Loto. On peut acheter un billet de loterie.
• Gagner – perdre – dépenser de l'argent – faire des économies – mettre de l'argent à la banque.
• Gagner un euro, cent euros, mille euros, un million d'euros… – devenir millionnaire

■ 15 ■ *Informez-vous.*

• *Lisez le texte.*

Les Français aiment jouer

Aimez-vous jouer? Nous oui! Un Français sur trois joue pour gagner de l'argent. Il achète un billet de la Loterie nationale, ou alors il joue aux courses de chevaux (PMU) ou encore au Loto. Pour ces jeux organisés par l'État, on ne dépense pas beaucoup d'argent mais on peut gagner des millions, devenir très riche et changer de vie. C'est le rêve de beaucoup de Français.

Mais tous les gagnants ne changent pas complètement de vie. Certains achètent une belle maison, mettent de l'argent à la banque et continuent à travailler. D'autres dépensent tout en quelques années, après ils doivent travailler comme avant. Enfin, quelques-uns commencent une nouvelle vie. ■

• *Préparez des questions sur le texte.*

....

....

....

....

• *Posez des questions et répondez aux questions des autres apprenants.*

■ 16 ■ *Discutez.*

• *Répondez aux questions pour préparer la discussion.*

• *Donnez votre opinion. Discutez avec les autres apprenants.*

1. Dans votre pays, à quels jeux peut-on jouer pour gagner de l'argent?

....

2. Est-ce que les gens dépensent beaucoup d'argent pour ces jeux?

....

3. Combien d'argent peut-on gagner?

....

4. Qu'est-ce que les gens font généralement avec cet argent?

....

5. Et vous, aimez-vous jouer? Si vous gagnez, qu'est-ce que vous allez faire avec l'argent?

....

■ 17 ■ *Réagissez.*

• *Décrivez ce dessin. Expliquez la situation.*

• *Donnez votre opinion, discutez avec les autres apprenants.*

Posez la question ou donnez la réplique.

Pour chaque phrase, vous devez trouver une, deux ou trois répliques ou questions différentes.

Attention, vous ne devez pas utiliser les mêmes réponses pour différentes phrases.

– « Allô, je voudrais parler à Monique, s'il vous plaît. Elle est là ? »

1. Oui, ...

2. Oui, ...

3. Oui, ...

– « Allô, vous pouvez me passer monsieur Pasquier, s'il vous plaît ? »

4. Non, ...

5. Non, ...

6. Non, ...

– « Vous connaissez les parents de Pierre ? »

7. ....

– « Est-ce que tu comprends bien la leçon ? »

8. ....

– « Vous téléphonez au directeur ? »

9. ....

– « Est-ce qu'elle parle aux autres apprenants ? »

10. ....

– « Allô, Juliette, tu viens au restaurant ce soir ? » (Prenez rendez-vous.)

11. Oui, ... **12.** Oui, ...

– « Cette fille me plaît beaucoup. » (Utilisez l'impératif.)

13. .... **14.** ....

15. .... **16.** ....

– « Quand je regarde le soleil, j'ai mal aux yeux. » (Utilisez l'impératif.)

17. .... **18.** ....

19. .... **20.** ....

– « Vous êtes malade, madame Cordier ? »

21. Oui, ... **22.** Oui, ...

23. Oui, ... **24.** Oui, ...

– « Je crois que je suis malade. » (Donnez des conseils.).

25. .... **26.** ....

27. ....

– « Tu peux raconter cette histoire à tes amis ? »

28. .... **29.** ....

– « Monsieur Pinelli, vous allez envoyer ces lettres aujourd'hui. » ?

30. ....

– « Quand est-ce qu'elle va partir ? »

31. .... **32.** ....

33. .... **34.** ....

– « Bon, toi tu fais la vaisselle, les courses, le ménage, et moi, je regarde le match de football. »

35. .... **36.** ....

37. .... **38.** ....

– « Bon alors, on va chez qui ? Chez Thomas ou chez Lise ? Qu'est-ce que tu décides ? »

39. .... **40.** ....

● COMPTEZ VOS POINTS

Vous avez **plus de 30 points** : BRAVO ! C'est très bien. Vous pouvez passer à l'unité suivante.

Vous avez **plus de 20 points** : C'est bien, mais regardez vos erreurs, cherchez les réponses possibles dans les leçons et refaites le test. Ensuite, passez à l'unité suivante.

Vous avez **moins de 20 points** : Vous n'avez pas bien mémorisé cette unité, reprenez-la complètement (avec les corrigés), puis recommencez l'autoévaluation. Bon courage !

■ **OBJECTIF FONCTIONNEL :** Acheter – Comparer.

■ **OUTILS :** Les quantités – L'alimentation – La comparaison.

■ **1** ■ *Répondez.* 🎧 ÉCOUTE 1

• *Regardez et décrivez les images.*

• *Écoutez et répondez oralement.*
1. Qu'est-ce que ces gens achètent ?
2. Combien doivent-ils payer ?

■ **2** ■ *Répétez.* 🎧 ÉCOUTE 2

• *Attention à l'intonation !*

■ **3** ■ *Jouez la scène.*

• *Jouez les dialogues avec un partenaire.*
– Je voudrais une baguette et deux croissants. Ça fait combien ?
– Deux euros, s'il vous plaît.

– Donnez-moi deux cahiers et un stylo rouge, s'il vous plaît. Combien je vous dois ?
– Ça fait cinq euros quatre-vingt-dix.

– Je vais prendre ce melon, s'il vous plaît. Il coûte combien ?
– Pas cher, mademoiselle, deux euros.

OUTILS

Dans un magasin

Je voudrais deux croissants…	C'est combien ?
Donnez-moi deux croissants…	Ça fait combien ? / Combien ça fait ?
Je vais prendre deux croissants…	Je vous dois combien ? / Combien je vous dois ?
Deux croissants, s'il vous plaît !	Ce melon, il coûte combien ? / Combien coûte ce melon ?

■ **4** ■ *Faites passer la parole.*

• *Comme dans les exemples, posez des questions à votre partenaire et répondez.*

Exemples : **A** – Je voudrais une glace au chocolat.
        C'est combien ?
    B – Deux euros vingt, s'il vous plaît.

B – Donnez-moi une bouteille d'eau minérale,
        s'il vous plaît. Ça fait combien ?
C – Deux euros cinquante, mademoiselle.

À vous…

■ 5 ■ *Informez-vous.* 🎧 Écoute 3

1. Qui sont les deux personnes ?
2. Qu'est-ce que la femme achète ?
3. Combien ça coûte ?

• *Prenez des notes.*

....
....
....
....
....

• *Discutez avec les autres apprenants pour contrôler ou compléter vos informations.*

■ 6 ■ *Jouez la scène.*

A – Donnez-moi des oranges, s'il vous plaît.
B – ....

OUTILS

Le client achète des aliments…

• Je voudrais **un** ananas, **une** pomme, **des** oranges.
• Je voudrais **du** sucre, **de l'**eau, **de la** farine.
• Je **ne** veux **pas d'**ananas, **pas de** pomme, **pas d'**orange, **pas de** sucre, **pas d'**eau, **pas de** farine.

• Des fruits : une orange, une pomme, une poire, une fraise, une pêche, un abricot…
• Des légumes : une salade, une carotte, une pomme de terre, un oignon, un poivron…
• De la viande : du poulet, du bœuf, du mouton, du porc…. Du poisson
• Du fromage, des yaourts, des œufs, du beurre…
• Du sucre, du café, du thé, des pâtes, du riz, de la farine, du sel, du poivre…

■ 7 ■ *Échangez des informations.*

• *Faites la liste de vos courses.*
• *Vous êtes une fois le client, une fois le vendeur.*
• *Jouez les deux scènes dans le magasin.*
• *Notez la liste de courses de votre partenaire.*

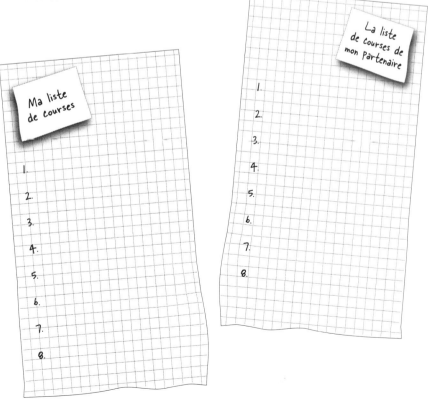

■ **8** ■ *Interprétez.*

• *Choisissez un rôle. Préparez le dialogue.*

....

....

....

....

....

• *Jouez la scène avec votre partenaire.*

OUTILS

Les quantités

un kilo de bananes, **d'**oranges…
un litre d'huile, **de** vin…
une bouteille d'eau, **de** vinaigre…
une boîte de haricots verts, **de** sardines…

un paquet de spaghettis, **de** café, **de** riz…
un pot de confiture, **de** yaourt…
une tranche de jambon, **de** saucisson…
un morceau de fromage, **de** tarte…

À table

• Un aliment sucré ou salé, gras ou maigre, cru ou cuit (cuit à l'eau, cuit au four, grillé, frit).
• Les boissons : un jus de fruit, de l'eau minérale plate/gazeuse, du vin, de la bière.
• Faire un régime. Prendre un repas léger.

▨ 9 ▨ *Jouez.*

• *Regardez ces deux dessins. Notez les différences.*

....

....

▨ 10 ▨ *Mettez-vous d'accord.*

• *Regardez ces personnes, décrivez-les.*

• *À votre avis, qu'est-ce qu'elles doivent manger pour être en forme et qu'est-ce qu'elles ne doivent pas manger ?*

• *Notez vos conseils. Expliquez vos choix et discutez avec les autres apprenants.*

■ **11** ■ *Discutez.*

• *Regardez ces trois images. Décrivez-les.*

• *Comparez les avantages et les inconvénients des marchés, des petites épiceries, des supermarchés.*

• *À votre avis, qui va faire ses courses au marché, qui va à l'épicerie, qui va au supermarché? Pourquoi?*

• *Où préférez-vous aller faire vos courses? Pourquoi?*

• *Discutez avec les autres apprenants.*

OUTILS

La comparaison
- Les jeunes *téléphonent* **plus qu'**avant/**plus que** leurs parents.
  verbe + **plus que** / **autant que** / **moins que**…
- Les jeunes ont **plus de** *temps libre* **qu'**avant/**que** leurs parents
  plus de / **autant de** / **moins de** + *nom* + **que**…
- Les jeunes sont **plus** *libres* **qu'**avant/**que** leurs parents.
  plus / **aussi** / **moins** + *adjectif* + **que**…

▨ 12 ▨ Informez-vous.

• Lisez le texte.

À table !	Quel aliment trouve-t-on sur la table de tous les Français ? Le pain ! Nous en mangeons moins qu'avant, mais 85 % des Français ne peuvent pas imaginer un repas sans pain. En général, l'alimentation est variée, on mange	de la viande, du poisson, des légumes, des fruits et bien sûr du fromage. On dit qu'il y a en France plus de 365 fromages. Pour rester en forme, beaucoup de Français consomment moins de sucre et d'aliments gras.	Ils boivent plus d'eau minérale que leurs voisins européens, mais ils boivent aussi du vin. Ils en boivent moins qu'avant mais ils restent les plus grands consommateurs de vin du monde. ▪

• Préparez des questions sur le texte.

....

....

....

....

• Posez vos questions et répondez aux questions des autres apprenants.

▨ 13 ▨ Discutez.

• Répondez aux questions pour préparer la discussion.

• Donnez votre opinion. Discutez avec les autres apprenants.

1. Est-ce qu'on mange du pain dans votre pays ? Un peu, beaucoup, quand, avec quoi… ?

....

2. Quel autre aliment est aussi important ou plus important que le pain dans d'autres pays ?

....

3. Qu'est-ce qu'on mange et qu'est-ce qu'on boit chez vous à chaque repas (petit déjeuner, déjeuner, dîner)?

....

4. Et vous, qu'est-ce que vous aimez manger ? Quel repas préférez-vous ? Pourquoi ?

....

5. Est-ce que vous faites attention à votre alimentation ? Faites-vous un régime ?

....

6. Qu'est-ce que vous aimez et qu'est-ce que vous n'aimez pas dans la cuisine française ?

....

▨ 14 ▨ Réagissez.

• Décrivez le dessin et expliquez la situation.

• Discutez avec les autres apprenants.

AU RESTAURANT

1. Imiter

> ■ **OBJECTIF FONCTIONNEL :** Commander et organiser un repas.
>
> ■ **OUTILS :** Au restaurant – Les repas – Le pronom EN.

■ 1 ■ *Répondez.* 🎧 ÉCOUTE 1

• *Écoutez et répondez oralement.*
1. Où se passent les scènes ?
2. Qui sont les deux personnes ?
3. Qu'est-ce que les gens demandent ?

■ 2 ■ *Répétez.* 🎧 ÉCOUTE 2

• *Attention à l'intonation !*

■ 3 ■ *Jouez la scène.*

• *Jouez les dialogues avec un partenaire.*
– Vous avez une table pour trois personnes ?
– Oui, monsieur, près de la fenêtre ou au premier étage.

– Vous pouvez m'apporter le menu, s'il vous plaît ?
– Tout de suite, madame.

– Qu'est-ce que vous avez comme plat du jour ?
– Un steak-frites, monsieur.

– Qu'est-ce que vous me conseillez comme vin ?
– Le pic saint-loup rouge, il est excellent !

– Je peux avoir l'addition, s'il vous plaît ?
– Bien sûr, madame.

OUTILS

Au restaurant

• Vous avez une table pour 2 ou 3 personnes ?
• Vous pouvez m'apporter le menu/la carte/l'addition/une carafe d'eau, s'il vous plaît ?
  Le menu/la carte… s'il vous plaît. – Je peux avoir le menu/la carte… ? – Je voudrais le menu/la carte…
• Qu'est-ce que vous avez comme entrée/plat principal/plat du jour/dessert/vin ?
• Qu'est-ce que vous me conseillez comme entrée… ?

■ 4 ■ *Faites passer la parole.*

• *Comme dans les exemples, posez des questions à votre partenaire et répondez.*

Exemples : **A** – Qu'est-ce que vous me conseillez comme entrée ? **B** – Vous avez une table pour quatre personnes ?
   B – La salade de tomates, elle est très bonne.   **C** – Non, pas maintenant, je suis désolé.
                                          Vous pouvez attendre dix minutes ?

À vous…

▦ 5 ▦ *Informez-vous.* 🎧 Écoute 3

1. Quel menu l'homme choisit-il ?
2. Qu'est-ce qu'il veut manger et boire ?

• *Prenez des notes.*

....
....
....
....

• *Discutez avec les autres apprenants pour contrôler ou compléter vos informations.*

▦ 6 ▦ *Jouez la scène.*

A – Alors, qu'est-ce que vous prenez, monsieur ?

B – ....

OUTILS

Le repas

• Une entrée : une soupe, une salade, des crudités, de la charcuterie (pâté, saucisson, jambon…), des fruits de mer, une quiche…
• Un plat principal : de la viande ou du poisson avec des légumes.
• Un dessert : un fruit, une crème caramel, une mousse au chocolat, une glace, une tarte aux pommes…

▦ 7 ▦ *Échangez des informations.*

• *Regardez le menu et choisissez ce que vous voulez manger. Notez vos choix sur votre fiche.*
• *Jouez les scènes au restaurant avec votre partenaire. Vous êtes une fois le client, une fois le serveur.*
• *Notez les choix de votre partenaire.*

• Entrée
Assiette de crudités
Soupe à l'oignon
Assiette de charcuterie
Quiche lorraine

Menu à 20 €

• Plat
Thon grillé avec haricots verts
Poulet à la crème et aux champignons
Gigot d'agneau
et gratin de pommes de terre
Côte de porc aux olives avec du riz

• Dessert
Tarte aux fraises
Gâteau au chocolat
Salade de fruits
Glace

• Boisson
1/4 de vin ou d'eau minérale.

	Votre choix
○	**entrée** ....
○	....
○	**plat principal** ....
○	....
○	**dessert** ....
○	....
○	**boisson** ....
○	....
○	*Le choix de votre partenaire*
○	**entrée** ....
○	....
○	**plat principal** ....
○	....
○	**dessert** ....
○	....
○	**boisson** ....
○	....

■ **8** ■ *Interprétez.*

• *Choisissez un rôle. Préparez le dialogue.*

....

....

....

....

....

....

• *Jouez la scène avec votre partenaire.*

OUTILS

Bon appétit !
• C'est bon, c'est très bon, c'est excellent, c'est délicieux – Ce n'est pas très bon.
• C'est léger. – C'est lourd. – Ça fait grossir.

▥ **9** ▥ *Informez-vous.* 🎧 Écoute 4

1. Comment fait-on des crêpes?

2. Notez les produits et les quantités.

• *Prenez des notes.*

....

....

....

....

• *Discutez avec les autres apprenants pour contrôler ou compléter vos informations.*

▥ **10** ▥ *Jouez la scène.*

A – Tu connais la recette des crêpes?

B – ....

OUTILS

Le pronom EN

• Tu veux **une** crêpe/**un** café?

Oui, j'**en** veux **une/un**. Non, j'**en** veux **deux/trois**… Non, je n'**en** veux pas.

• Tu as **de la** farine/**du** sucre/**des** pâtes?

Oui, j'**en** ai. J'**en** ai **un kilo**. J'**en** ai **un paquet**. Non, je n'**en** ai pas.

Du lait, j'**en** ai **un litre**, j'**en** ai **une bouteille**… **Des** haricots, j'**en** ai **deux boîtes**…

• Tu bois **du** lait/**de l'**eau?

J'**en** bois, j'**en** bois **un peu**, j'**en** bois **beaucoup**, j'**en** bois **assez**, j'**en** bois **trop**, j'**en** bois **plus/moins/autant** que… Je n'**en** bois pas.

▥ **11** ▥ *Donnez la réplique.*

• *Comme dans les exemples, imaginez la réplique qui suit. Utilisez le pronom « en ».*

Exemples : **A** – J'ai beaucoup d'amis.   **B** – Tu as des frères et sœurs?

           B – Moi, je n'en ai pas beaucoup.   **C** – Non, je n'en ai pas.

Un apprenant dit la première phrase avec l'intonation adaptée et le deuxième donne la réplique.

• **Premières phrases :**

Elsa a une jolie voiture. – Je mange beaucoup de fruits. – Tu fais du vélo? – Tu veux une glace? – Ils ont trois enfants. – Il y a du vin chez toi? – J'ai trop d'argent – Tu bois du thé?

▥ **12** ▥ *Mettez-vous d'accord.*

• *Regardez les courses de la semaine pour une personne.*

• *Qu'en pensez-vous? Est-ce qu'il y a assez de choses, trop de choses?*

• *Discutez avec les autres apprenants et mettez-vous d'accord.*

■ **13** ■ *Mettez-vous d'accord.*

• *Madeleine Delors va bientôt avoir 90 ans. Tous ses enfants et petits-enfants veulent fêter son anniversaire au restaurant.*

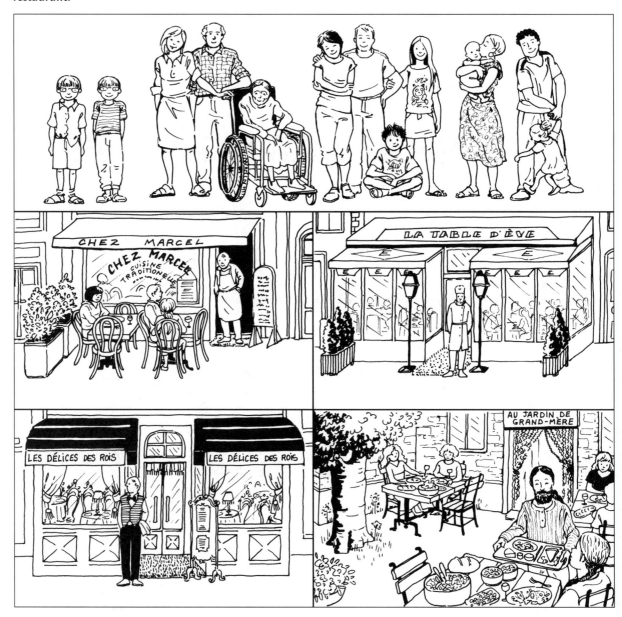

• *Vous faites partie de la famille Delors. Choisissez un rôle.*

• *Dans quel restaurant préférez-vous aller pour cette fête? Justifiez votre choix.*

• *Discutez avec les autres apprenants pour vous mettre d'accord.*

OUTILS

Parler de ses goûts

• **Je préfère…**   Je préfère la cuisine végétarienne.   Je préfère manger chez Marcel.

  J'aime mieux…   J'aime mieux le poisson.   J'aime mieux boire de l'eau.

• Chez Marcel, les desserts sont **bons**, ils sont **meilleurs** qu'à la Table d'Ève.

▨ 14 ▨ Informez-vous.

• *Lisez le texte.*

Au restaurant

Pourquoi allez-vous au restaurant ? Pour bien manger ? Pour ne pas faire la cuisine ? Pour gagner du temps ? Pour sortir ? Pour fêter quelque chose ? Pour nous, toutes ces raisons sont bonnes.

Dans les grandes villes, beaucoup de Français n'ont pas le temps de rentrer chez eux à midi. Alors, de nombreux petits restaurants proposent des menus rapides et bon marché.

La cuisine est souvent bonne et l'ambiance agréable. S'il faut choisir entre un sandwich au bureau ou un petit plat traditionnel au restaurant, beaucoup de Français vont choisir le restaurant ! Manger ici est un plaisir, les Français aiment partager le repas avec leurs amis.

■

• *Préparez des questions sur le texte.*

....

....

....

....

• *Posez vos questions et répondez aux questions des autres apprenants.*

▨ 15 ▨ Discutez.

• *Répondez aux questions pour préparer la discussion.*

• *Donnez votre opinion. Discutez avec les autres apprenants.*

1. Les Français aiment manger. Qu'en pensez-vous ?

....

2. Chez vous, quand et pourquoi va-t-on au restaurant ?

....

3. En général, où déjeunent les gens qui travaillent ? Combien de temps ont-ils pour déjeuner ?

....

4. Pour vous, est-ce que manger est un plaisir ?

....

5. Aimez-vous aller au restaurant ? Quand ? Quel type de restaurant préférez-vous ?

....

▨ 16 ▨ Réagissez.

• *Décrivez le dessin et expliquez la situation.*

• *Discutez avec les autres apprenants.*

FAIRE DES ACHATS

1. Imiter

■ **OBJECTIF FONCTIONNEL :** Choisir et acheter.

■ **OUTILS :** Les vêtements – La négation – Faire des cadeaux.

■ **1** ■ *Répondez.* 🎧 ÉCOUTE 1

• *Écoutez et répondez oralement.*
1. Où se passent les scènes?
2. Qui sont les deux personnes?

■ **2** ■ *Répétez.* 🎧 ÉCOUTE 2

• *Attention à l'intonation!*

■ **3** ■ *Jouez la scène.*

• *Jouez les dialogues avec un partenaire.*
– Est-ce que vous avez des vestes en laine?
– Oui, bien sûr, madame, vous faites quelle taille?
– 42 ou 44, ça dépend.

– *C'est pas mal, mais… j'hésite encore.
– Ça vous va bien, je vous assure.
– Non, je vais réfléchir.

– Je peux essayer ce pantalon?
– Oui, vous avez la cabine en face de vous, au fond à droite.
– Merci.

– Cette veste, vous l'avez aussi en noir?
– Oui, mais ce n'est pas exactement le même modèle.
– Je peux la voir?

– Elle me va bien, non? Qu'est-ce que vous en pensez?
– Elle vous va très bien, madame.
– Bon, je vais la prendre.

OUTILS

Dans une boutique
• Est-ce que vous avez…?
• Je cherche des pulls bleus, vous en avez?
• Est-ce que vous l'avez en 38?
• Vous l'avez en noir?
• Je peux essayer?
• Où est la cabine, s'il vous plaît?
• Comment ça me va?

• Je fais du 38.
• Ça me va bien/Ça ne me va pas.
• Je vais réfléchir.
• Je vais le/la prendre.
• Je vais repasser.

■ **4** ■ *Faites passer la parole.*

• *Comme dans les exemples, posez des questions à votre partenaire et répondez.*

Exemples : **A** – Je peux essayer cette robe?
　　　　B – Bien sûr madame, vous avez
　　　　　　la cabine derrière vous.

B – Elle ne me va pas très bien cette jupe.
　　Qu'est-ce que vous en pensez?
C – Elle vous va très bien, je vous assure,

À vous…

▦ 5 ▦ *Informez-vous.* 🎧 Écoute 3

1. Qu'est-ce que l'homme veut acheter?
2. Qu'est-ce qu'il demande à la vendeuse? Pourquoi?
3. Comment va-t-il payer?

• *Prenez des notes.*

....

....

....

....

....

• *Discutez avec les autres apprenants pour contrôler ou compléter vos informations.*

▦ 6 ▦ *Jouez la scène.*

A — Vous avez des chemises grises?

B — ....

OUTILS

Les vêtements

Un robe, une jupe, un tailleur, un collant, un pantalon, une chemise, une cravate, un pull, une veste, un costume, un manteau, un tee-shirt, un short, un maillot de bain, des chaussettes, des chaussures.

À la caisse

Je paie/je règle par chèque, en espèces.   Vous pouvez me faire un paquet cadeau?
Je règle par carte. Je peux taper mon code?   Je peux le/la changer si ça ne va pas? (le pull, la robe…)

▦ 7 ▦ *Échangez des informations.*

• *Vous partez quelques jours en voyage.*

• *Qu'est-ce que vous allez emporter? Écrivez le nom des vêtements dans votre valise.*

• *Posez des questions à votre partenaire pour savoir ce qu'il emporte. Notez ses réponses.*

Exemples : **A** — Est-ce que tu emportes des pulls?   **A** — Est-ce que tu prends un maillot de bain?
              B — Oui, j'en emporte trois.   **B** — Non, je n'en prends pas.

Votre valise   **La valise de votre partenaire**

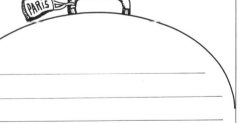

■ **8** ■ *Interprétez.*

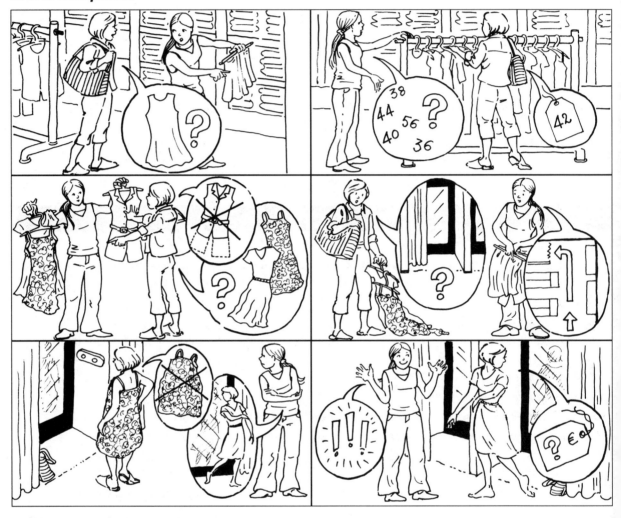

• *Choisissez un rôle. Préparez le dialogue.*

....
....
....
....
....
....

• *Jouez la scène avec votre partenaire.*

OUTILS

Parler d'un vêtement

• Il/elle est trop grand/e, petit/e, court/e, long/ue, large, serré/e, chic, élégant/e, à la mode.
• Il/elle est en laine, en coton, en soie…
Le matin, je m'habille : je mets une chemise… Le soir, je me déshabille : j'enlève ma chemise…
Aujourd'hui, je porte un costume. Tu veux essayer ma veste ?

■ 9 ■ *Informez-vous.* 🎧 Écoute 4

1. Qu'est-ce que les personnes cherchent? Que répond le vendeur?
2. Prenez des notes.

....
....
....
....
....

• *Discutez avec les autres apprenants pour contrôler ou compléter vos informations.*

OUTILS

La négation

• Vous avez des pulls?	Non, nous **n'**avons **pas** de pulls./Non, nous **n'**en avons **pas**.
• Vous avez **encore** des pulls?	Non, nous **n'**avons **plus** de pulls.
• Vous avez **toujours** des pulls?	Non, nous **n'**avons **jamais** de pulls.
• Vous avez **quelque chose**?	Non, nous **n'**avons **rien**.
• Vous voyez **quelqu'un**?	Non, je **ne** vois **personne**.

■ 10 ■ *Discutez.*

• *Trouvez toutes les phrases négatives possibles pour décrire ce dessin.*
• *Discutez avec les autres apprenants pour compléter votre liste.*

ne ... plus	ne ... rien ....
....	....
....	....
ne ... jamais	ne ... personne ....
....	....
....	....

■ 11 ■ *Mettez-vous d'accord.*

• *Voici six cadeaux pour six personnes. Vous devez choisir à qui vous allez offrir ces cadeaux.*

• *Justifiez vos choix.*

• *Discutez avec les autres apprenants pour vous mettre d'accord.*

• *Avez-vous d'autres idées de cadeau pour Sandrine, Karim, Elsa, Théo, Coralie et Didier ?*

• *Faites des propositions et discutez avec les autres apprenants.*

OUTILS

Faire des cadeaux et en recevoir

On fait un cadeau à quelqu'un.

Qu'est-ce qu'on **lui** offre ?

Qu'est-ce qu'il veut comme cadeau ?

Quel genre de cadeau il préfère ?

J'ai une bonne idée de cadeau pour Laura.

Quel beau cadeau ! Quel joli cadeau ! Quelle bonne idée !

■ 12 ■ *Discutez.*

• *Regardez et lisez.*

Pour une naissance, on peut offrir un vêtement, un animal en peluche ou un objet utile pour le bébé.	Pour un mariage, on offre de la vaisselle ou d'autres objets pour la maison.
Pour un anniversaire, on offre un livre, un vêtement, un bijou, un disque… tout est possible.	À Noël, on offre beaucoup de jouets aux enfants et des cadeaux variés aux autres personnes.

• *Répondez aux questions pour préparer la discussion.*

• *Donnez votre opinion. Discutez avec les autres apprenants.*

1. Quand fait-on des cadeaux dans votre pays?

....

2. Qu'est-ce qu'on offre? À qui ?

....

3. Aimez-vous faire des cadeaux? Pourquoi?

....

4. Est-ce que c'est difficile de choisir un cadeau? Pourquoi?

....

5. Est-ce que vous recevez souvent des cadeaux? Quand?

....

6. Quel cadeau avez-vous préféré?

....

■ 13 ■ *Réagissez.*

• *Décrivez le dessin. Expliquez la situation.*

• *Discutez avec les autres apprenants.*

BILAN

Posez la question ou donnez la réplique.
Pour chaque phrase, vous devez trouver une, deux ou trois répliques ou questions différentes.
Attention, vous ne devez pas utiliser les mêmes réponses pour différentes phrases.

1. .... **2.** ....

– « Voilà madame, deux croissants. »

3. .... ? **4.** .... ?

5. .... ? **6.** .... ?

– « 1 euro 85, madame. »

– « Qu'est-ce que vous prenez le matin au au petit déjeuner ? »

7. Je bois .... ?

8. Je mange .... ?

– « Combien de lait voulez-vous ? » (Utilisez le pronom « en ».)

9. ....

10. ....

11. « Et des pâtes ? » ....

12. « Et des oranges ? » ....

– « Estelle a beaucoup d'argent, et Nadia ? » (Utilisez les comparatifs.)

13. ....

14. ....

15. ....

– « Le gâteau est très sucré, et la glace ? » (Utilisez les comparatifs.)

16. ....

17. ....

18. ....

19. .... ? **20.** .... ?

– « Tout de suite, monsieur, je vous l'apporte. »

21. .... ?

– « Eh bien, vous avez de la soupe, de la charcuterie ou des crudités. »

– « Viande ou poisson ? »

22. .... ?

– « Alors monsieur, c'est bon ? »

23. ....

24. ....

25. ....?
– « Tout de suite, monsieur… Voilà, vous payez comment? »

26. ....?

27. ....?
– « Oui, les robes sont ici, madame. »

28. ....?
– « Bien sûr, madame, vous avez une cabine ici ! »

– « Elle vous va vraiment très bien. »

29. Ah oui, ... **30.** Oh non, ...

– « Vous réglez comment? »

31. .... **32.** ....

– « Est-ce que tu as un pull rouge? »

33. Oui,.................................... **34.** Non, ...

– « Est-ce que Cyril veut une chemise blanche? »

35. Oui,.................................... **36.** Non, ...

– « Est-ce que vous avez encore des fraises? »

37. Oui,.................................... **38.** Non, ...

– « Est-ce qu'il y a quelque chose sous la table? »

39. Non, ...

– « Est-ce que tu vois quelqu'un à la fenêtre? »

40. – « Non, ...

COMPT€Z VOS POINTS

Vous avez **plus de 30 points** : BRAVO ! C'est très bien. Vous pouvez passer à l'unité suivante.

Vous avez **plus de 20 points** : C'est bien, mais regardez vos erreurs, cherchez les réponses possibles dans les leçons et refaites le test. Ensuite, passez à l'unité suivante.

Vous avez **moins de 20 points** : Vous n'avez pas bien mémorisé cette unité, reprenez-la complètement (avec les corrigés), puis recommencez l'autoévaluation. Bon courage !

LEÇON 1

DÉCRIRE QUELQU'UN

1. Imiter

■ **OBJECTIF FONCTIONNEL :** Décrire une personne.

■ **OUTILS :** La description physique – Les qualités et les défauts – Les pronoms relatifs *qui* et *que* – Les travaux ménagers.

■ 1 ■ *Répondez.* 🎧 ÉCOUTE 1
• *Écoutez et répondez oralement.*
1. Qu'est-ce que ces gens veulent savoir?
2. Qu'est-ce qu'on leur répond?

■ 2 ■ *Répétez.* 🎧 ÉCOUTE 2
• *Attention à l'intonation!*

■ 3 ■ *Jouez la scène.*
• *Jouez les dialogues avec un partenaire.*
– Le copain d'Aurélie, il est comment?
– Je ne sais pas, je ne le connais pas.

– Sophie, elle a les yeux de quelle couleur?
– Sophie, ben… elle a les yeux bleus!

– Il est grand Julien, combien il mesure?
– Je n'en sais rien… 1,90 mètre peut-être.

– Ah bon, elle a les yeux verts!… Et elle a les cheveux comment?
– Elle a les cheveux longs et elle est brune.

– Vanessa, c'est la petite blonde aux yeux bleus?
– Aucune idée!… Demande à Christian!

OUTILS

Demander des informations sur quelqu'un
• Comment est-il/elle? Il /elle est comment?
• Il a les yeux/les cheveux de quelle couleur?

• Combien mesure-t-il ? Il mesure combien?
• Il a les yeux/les cheveux comment?

Répondre
• Je ne sais pas. Je n'en sais rien. Aucune idée!
• Il a les yeux bleus, noirs, marron, verts, gris.
• Il est blond, brun, roux. Elle est blonde, brune, rousse.

• Il a les cheveux blonds, châtains, bruns, roux, gris, blancs.
• Il a les cheveux courts, mi-longs, longs, raides, frisés.

■ 4 ■ *Faites passer la parole.*
• *Comme dans les exemples, posez des questions à votre partenaire et répondez.*

Exemples : **A** – Comment il est le petit ami de Lucie ?   **B** – Combien tu mesures?
                B – Il est brun et il a les yeux noirs.   **C** – 1, 82 mètre.

À vous…

5 ■ Informez-vous. 🎧 Écoute 3

1. De qui les deux femmes parlent-elles?
2. Quels sont les qualités et les défauts de ces personnes? Comment sont-elles physiquement?

• *Prenez des notes.*

....

....

....

....

....

• *Discutez avec les autres apprenants pour contrôler ou compléter vos informations.*

6 ■ Jouez la scène.

A – Tiens regarde, c'est la photo de mes collègues.

B – ....

OUTILS

La description physique
Il/elle est grand/e – petit/e.
Il/elle est gros/se – mince.
Il/elle est jeune – vieux/vieille.
Il/elle est beau/belle – laid/e.
Il/elle est mignon/ne.
Elle est jolie.

Les qualités
Il/elle est sympathique, *sympa.
Il/elle est gentil/le.
Il/elle est intéressant/e.
Il/elle est intelligent/e.
Il/elle est calme.
Il/elle est aimable.
Il/elle est amusant/e.

Les défauts
Il/elle est antipathique.
Il/elle est méchant/e.
Il/elle est ennuyeux/euse.
Il/elle est stupide.
Il/elle est nerveux/euse.
Il/elle est timide.

---

7 ■ Échangez des informations.

• *Choisissez une fiche. Décrivez trois personnes célèbres.*

• *Posez des questions sur les trois personnes choisies par votre partenaire. Notez ses réponses.*

• *Essayez de deviner qui sont ces personnes célèbres.*

• *Répondez aux questions de votre partenaire.*

Description physique .... Qualités .... Défauts .... Description physique .... Qualités .... Défauts .... Description physique .... Qualités .... Défauts	Description physique .... Qualités .... Défauts .... Description physique .... Qualités .... Défauts .... Description physique .... Qualités .... Défauts ....

■ **8** ■ *Interprétez.*

• *La scène se passe dans une agence de rencontres.*

• *Il cherche la femme de sa vie.*

• *Choisissez un rôle. Préparez les questions et les réponses de votre personnage.*

....

....

....

....

....

....

....

....

• *Jouez les scènes avec votre partenaire.*

OUTILS

Les pronoms relatifs

• **QUI = pronom sujet**

Je connais une fille ; elle s'appelle Zoé.   Je connais une fille **qui** s'appelle Zoé.

J'ai une voiture ; elle marche bien.   J'ai une voiture **qui** marche bien.

• **QUE = pronom COD**

Je connais une fille ; tu la vois tous les jours.   Je connais une fille **que** tu vois tous les jours.

J'ai une voiture ; je vais la vendre.   J'ai une voiture **que** je vais vendre.

▮ 9 ▮ *Discutez.*

• *Choisissez les phrases qui décrivent pour vous l'homme ou la femme idéale.*

Exemples : « J'aime les hommes qui jouent de la guitare, que... »
           « Je n'aime pas les femmes que je rencontre au supermarché, qui... »

• *Justifiez vos choix et discutez avec les autres apprenants.*

• *Vous pouvez faire d'autres propositions.*

qui jouent de la guitare. qui font la cuisine. qui m'offrent des fleurs. qui détestent les enfants. qui m'invitent au restaurant. qui écrivent des lettres d'amour. qui dansent très bien. qui aiment les chiens. qui ont beaucoup d'argent. qui jouent au football. qui dorment jusqu'à midi. qui...	que je rencontre au supermarché. que les autres regardent. que je vois dans les magazines? que je peux quitter quand je veux. que mes amis me présentent. que ma mère déteste. que je ne connais pas très bien. que je peux laisser à la maison. que je ne dois pas attendre. que je peux comprendre. que je ne dois pas écouter. que...

▮ 10 ▮ *Mettez-vous d'accord.*

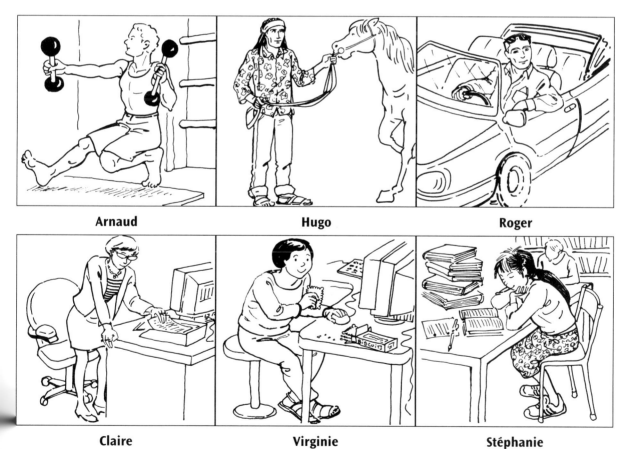

Arnaud   Hugo   Roger

Claire   Virginie   Stéphanie

• *Arnaud, Hugo et Roger sont mariés avec les trois jeunes femmes.*

• *Devinez qui est le mari de Claire, de Virginie et de Stéphanie.*

• *Discutez avec les autres apprenants pour vous mettre d'accord.*

■ **11** ■ *Discutez.*

- *Pouvez-vous dire quelle est la nationalité de ces hommes ? Pourquoi ?*
- *Êtes-vous d'accord avec ces images ?*
- *Discutez avec les autres apprenants et mettez-vous d'accord.*
- *Imaginez d'autres images pour représenter d'autres nationalités.*

OUTILS

Les travaux ménagers
Faire le ménage – Balayer – Passer l'aspirateur – Laver – Nettoyer.
Ranger quelque chose – Faire le lit, la cuisine, la vaisselle, la lessive, le repassage.

S'occuper des enfants
Garder les enfants, les habiller, leur donner à manger, les accompagner à l'école, aller les chercher, les coucher.
Une femme au foyer – Une femme active.

▩ 12 ▩ Informez-vous.

• Lisez le texte.

Les nouveaux couples

Aujourd'hui, il n'y a plus beaucoup de jeunes femmes au foyer. La majorité des femmes qui ont des enfants travaillent. Elles ont donc un emploi du temps très chargé. Elles doivent travailler à l'extérieur, faire le ménage à la maison, les courses au supermarché, s'occuper des enfants... Bien sûr, les hommes changent aussi. De plus en plus, ils font les courses, la vaisselle, la cuisine, et d'autres petits travaux dans la maison. Mais surtout, ils s'occupent de leurs enfants. Ils les accompagnent à l'école, ils les gardent, ils leur préparent à manger, ils jouent avec eux...

Il y a donc un vrai changement dans la société, mais les femmes continuent à faire plus de choses à la maison que leurs maris. ■

• Préparez des questions sur le texte.

....
....
....
....

• Posez vos questions et répondez aux questions des autres apprenants.

▩ 13 ▩ Discutez.

• Répondez aux questions pour préparer la discussion.

• Donnez votre opinion. Discutez avec les autres apprenants.

1. Est-ce que beaucoup de femmes travaillent dans votre pays ?

....

2. Qui s'occupe des enfants quand ils sont petits ?

....

3. Qu'est-ce que les hommes font à la maison ?

....

4. Est-ce que les habitudes changent ? Comparez votre vie et la vie de vos parents.

....

5. Que pensez-vous de la situation en France ?

....

▩ 14 ▩ Réagissez.

• Décrivez le dessin. Expliquez la situation.

• Discutez avec les autres apprenants.

LEÇON 2

PARLER DE SA VIE

1. Imiter

■ **OBJECTIF FONCTIONNEL :** Raconter des actions passées.

■ **OUTILS :** Le passé composé avec *avoir* et *être* – L'habitude et la fréquence – Les âges de la vie.

■ **1** ■ *Répondez.* 🎧 ÉCOUTE 1

• *Écoutez et répondez oralement.*
1. Qu'est-ce qu'ils font ou ne font pas ?
2. Quelles sont les indications de temps que vous entendez ?

■ **2** ■ *Répétez.* 🎧 ÉCOUTE 2

• *Attention à l'intonation !*

■ **3** ■ *Jouez la scène.*

• *Jouez les dialogues avec un partenaire.*
– Qu'est-ce que tu fais le dimanche ?
– Je vais souvent à la campagne, chez mes parents.

– Tu pars en vacances tous les ans ?
– Non, je ne pars jamais, je n'ai pas assez d'argent.

– Tu te couches tard le soir ?
– Non, pas trop tard parce que le matin je me réveille tôt.

– Tu manges toujours dans ce restaurant à midi ?
– Non, je déjeune quelquefois à la cafétéria avec mes collègues.

– Tu vas au cinéma le samedi soir ?
– Non, pas toutes les semaines !

OUTILS

L'habitude

• Le soir, le matin, l'après-midi, le dimanche, le week-end = tous les soirs, tous les matins, tous les après-midi, tous les dimanches, tous les week-ends.
• Tous les jours, toutes les semaines, tous les mois, tous les ans.

La fréquence

Il **ne** lit **jamais** – Il lit **quelquefois** – Il lit **souvent** – Il lit **toujours**.

■ **4** ■ *Faites passer la parole.*

• *Comme dans les exemples, posez des questions à votre partenaire et répondez.*

Exemples :
A – Tu regardes souvent la télévision ?
B – Oui, je la regarde tous les soirs.

B – Monsieur Lemaire, pourquoi êtes-vous toujours en retard le lundi matin ?
C – Parce que je me couche tard le dimanche soir, monsieur le directeur.

À vous…

▓ 5 ▓ *Informez-vous.* 🎧 ÉCOUTE 3

Qu'est-ce qu'il a fait ce week-end ? Qui a-t-il rencontré ?

• *Prenez des notes.*

....

....

....

• *Discutez avec les autres apprenants pour contrôler ou compléter vos informations.*

▓ 6 ▓ *Jouez la scène.*

A – Qu'est-ce que tu fais le week-end ?

B – ....

OUTILS

Le passé composé avec « avoir »

J'ai parlé, mangé, travaillé…   Nous avons bu, lu, vu, pu, eu…
Tu as fini, ri, dit, écrit, conduit…   Vous avez ouvert, offert, découvert…
Il/elle/on a pris, appris, compris…   Ils/elles ont fait, été…

▓ 7 ▓ *Échangez des informations.*

• *Regardez les activités proposées. Imaginez et notez dans quel ordre et à quelle heure vous les avez faites.*

• *À quelle heure votre partenaire a-t-il fait ces activités ? Notez ses réponses et répondez à ses questions.*

Vous	Votre partenaire
… h	… h ....
… h	… h ....
… h	… h ....
… h	… h ....
… h	… h ....
… h	… h ....
… h	… h ....
… h	… h ....

■ **8** ■ *Racontez.*

• *Regardez ces deux petites histoires et choisissez-en une.*

• *Vous êtes une personne de cette histoire. Racontez ce que vous avez fait ce jour-là.*

• *Préparez votre récit.*

....

....

....

....

....

OUTILS

Le passé composé avec « être » : 14 verbes + Verbes pronominaux

Je suis *né/e, mort/e*	Nous sommes *allés/es, venus/es*
Tu es *entré/e, sorti/e*	Vous êtes *arrivés/es, partis/es*
Il/elle *est monté/e, descendu/e*	Ils/elles sont *restés/es, tombés/es, passés/es, retournés/es*
Je me suis réveillé/**e**	Nous nous sommes *habillés/es*
Tu t'es levé/**e**	Vous vous êtes *promenés/es*
Il/elle s'est lavé/**e**	Ils/elles se sont *mariés/es*

■ **9** ■ *Interprétez.*

• *Ces quatre personnes ont fait leurs études ensemble. Elles se rencontrent vingt ans après.*

• *Vous êtes une de ces personnes.*

• *Posez des questions à vos amis pour savoir ce qu'ils ont fait pendant ces vingt ans, et répondez à leurs questions.*

■ **10** ■ *Mettez-vous d'accord.*

• *Regardez ce qu'il y a dans ces deux sacs.*

• *Qu'est-ce que les propriétaires de ces sacs ont fait aujourd'hui ?*

• *Décrivez ces quatre personnes.*

Lionel　　　　**Malika**　　　　**Gérard**　　　　**Véronique**

• *À votre avis, qui sont les deux propriétaires des sacs ?*

• *Pourquoi ? Préparez vos explications.*

....

....

....

....

• *Discutez avec les autres apprenants pour vous mettre d'accord.*

■ 11 ■ *Discutez.*

• *Regardez et décrivez ces trois images.*

• *À votre avis, quels sont les avantages et les inconvénients de chaque âge de la vie ?*

• *Quelle période de la vie préférez-vous ? Pourquoi ?*

• *Discutez avec les autres apprenants.*

OUTILS

La vie
• L'enfance, l'adolescence, l'âge adulte, la vieillesse ou le troisième âge.
• Les parents élèvent leurs enfants. Les enfants grandissent. Les personnes âgées vieillissent.
• Les personnes âgées ne travaillent plus, elles sont à la retraite. Elle vivent dans des maisons de retraite.

■ 12 ■ Informez-vous.

• *Lisez le texte.*

Le troisième âge

À votre avis, à quel âge est-on vieux ? 50 ans ? 60 ans ? 70 ans ? 80 ans ?
La réponse change selon l'âge des personnes interrogées.
En France, personne ne veut être « vieux ». On est une personne âgée, ou une personne du troisième âge, et on essaie de rester longtemps en forme.
Les personnes âgées sont souvent actives. Elles vont dans des clubs pour jouer aux cartes, faire du sport, danser, voyager, etc. Bien sûr, elles s'occupent aussi de leurs petits-enfants le mercredi ou pendant les vacances.
Elles n'habitent pas souvent avec leurs enfants. Elles veulent rester chez elles, et quand ce n'est plus possible, elles vont vivre dans une maison de retraite. ■

• *Préparez des questions sur le texte.*

....
....
....
....

• *Posez vos questions et répondez aux questions des autres apprenants.*

■ 13 ■ Discutez.

• *Répondez aux questions pour préparer la discussion.*

• *Donnez votre opinion. Discutez avec les autres apprenants.*

1. À votre avis, à quel âge est-on vieux ?

....

2. Comment vivent les personnes âgées dans votre pays ? Où habitent-elles ?

....

3. Pensez-vous que les personnes âgées doivent vivre avec leurs enfants ? Pourquoi ?

....

4. Est-ce que vous voyez souvent vos grands-parents ? Que faites-vous avec eux ?

....

5. Qu'est-ce que les grands-parents peuvent ou doivent faire pour leurs petits-enfants ?

....

■ 15 ■ Réagissez.

• *Décrivez les dessins. Expliquez les situations.*

• *Discutez avec les autres apprenants.*

RACONTER CE QUI S'EST PASSÉ

1. Imiter

■ **OBJECTIF FONCTIONNEL :** S'informer et informer quelqu'un sur un fait passé.

■ **OUTILS :** Poser des questions sur un fait passé – Situer dans le passé – Articuler le récit
– La télévision.

■ **1** ■ *Répondez.* 🎧 ÉCOUTE 1

• *Regardez et décrivez les images.*

• *Écoutez les dialogues. Qu'est-ce qui s'est passé exactement ?*

■ **2** ■ *Répétez.* 🎧 ÉCOUTE 2

• *Attention à l'intonation !*

■ **3** ■ *Jouez la scène.*

• *Jouez les dialogues avec un partenaire.*
– Tu es en retard, qu'est-ce qui s'est passé ?
– Oh, je suis désolé, ma voiture est tombée en panne !

– Qu'est-ce qui s'est passé ?
– Il y a eu accident, on a appelé les pompiers.

– Qu'est-ce qui t'est arrivé ?
– On m'a volé mon sac dans le métro !

– Qu'est-ce qui est arrivé à Sophie, je ne la vois plus ?
– Elle est tombée dans la rue, elle s'est cassé la jambe.

OUTILS

S'informer sur un fait passé

• Qu'est-ce qui s'est passé ?
• Qu'est-ce qui **t'**est arrivé ?
• Qu'est-ce qui **vous** est arrivé ?
• Qu'est-ce qui est arrivé à… ?

– Il y a eu un accident, une panne, un cambriolage…
– Je suis tombé en panne, j'ai eu un accident, je suis tombé…
– On m'a volé mon/ma…

■ **4** ■ *Faites passer la parole.*

• *Comme dans les exemples, posez des questions à votre partenaire et répondez.*

Exemples : **A** – Qu'est-ce qui est arrivé à ton ordinateur ? **B** – Qu'est-ce qui s'est passé chez Zoé hier soir ?
     B – Je ne sais pas, il est tombé en panne.   **C** – Chez elle rien, mais il y a eu un cambriolage dans
                                                              son immeuble.

À vous…

■ 5 ■ *Informez-vous.* 🎧 Écoute 3

Qu'est-ce qui s'est passé ? Quand ça s'est passé ?

• *Prenez des notes.*

....

....

....

....

....

• *Discutez avec les autres apprenants pour contrôler ou compléter vos informations.*

■ 6 ■ *Jouez la scène.*

• *Avec votre partenaire, présentez les informations.*

A – Ici Radio Sud, bonjour ! Alors, qu'est-ce qui s'est passé cette semaine en France ?

B – ....

OUTILS

Situer dans le passé

• Avant-hier…
• Hier matin, hier après-midi, hier soir…
• L'année dernière, le mois dernier, la semaine dernière, jeudi dernier…
• Il y a trois jours, il y a deux ans, il y a cinq minutes…

■ 7 ■ *Échangez des informations.*

• *Imaginez les informations de la semaine dans votre pays, écrivez-les dans votre journal.*

• *Demandez à votre partenaire ce qui s'est passé chez lui et répondez à ses questions.*

• *Notez les réponses de votre partenaire.*

Le petit journal

Samedi dernier.

Jeudi dernier.

Avant-hier.

Hier matin.

Hier soir.

Le petit journal

Samedi dernier.

Jeudi dernier.

Avant-hier.

Hier matin.

Hier soir.

■ **8** ■ *Interprétez.*

• *Choisissez un rôle. Préparez le dialogue.*

....

....

....

....

....

....

• *Jouez la scène avec votre partenaire.*

■ **9** ■ *Racontez.*

• *Est-ce qu'on vous a déjà volé quelque chose ? Quoi ?*

• *Racontez où, quand et comment ça s'est passé ?*

■ **10** ■ *Informez-vous.* 🎧 Écoute 4

Qu'est-ce que la femme a gagné ? Qu'a-t-elle dû faire pour participer à ce jeu ?

• *Prenez des notes.*

....

....

....

• *Discutez avec les autres apprenants pour contrôler ou compléter vos informations.*

■ **11** ■ *Jouez la scène.*

A – Je t'ai vue à la télé hier, tu as gagné une voiture, c'est super !

B – ....

OUTILS

Articuler un récit

• Et après ? Et alors ? Et puis ? Et ensuite ?
• D'abord… puis, ensuite, après… enfin…

• Avant l'émission…, avant midi…, avant samedi…
• Avant **de** jouer…, avant **de** sortir…

■ **12** ■ *Mettez-vous d'accord.*

• *Remettez les images dans l'ordre pour comprendre l'histoire.*

• *Discutez avec les autres apprenants pour vous mettre d'accord.*

• *Imaginez la suite de l'histoire.*

■ **13** ■ *Mettez-vous d'accord.*

• *Regardez ces images du film « Tom et Léa ».*

• *Imaginez l'histoire que ce film raconte.*

• *Vous devez utiliser toutes les images : les personnages, les objets et les lieux.*

• *Discutez avec votre partenaire pour vous mettre d'accord sur l'histoire.*

• *Racontez votre histoire aux autres apprenants.*

OUTILS

*La télévision, * la télé = le petit écran*

• Qu'est-ce qu'il y a ce soir ? Tu as le programme ? Quelle émission tu préfères ?

• Qu'est-ce qu'on regarde ? Les informations, le film, le sport, le débat, le jeu… ?

• Le film est sur quelle chaîne ?

• Change de chaîne, il y a de la publicité !

▨ 14 ▨ *Informez-vous.*

• *Lisez le texte.*

| **La télévision** | Avez-vous une télévision? Environ 4 % des Français n'en ont pas, et ne veulent pas en avoir. Les autres la regardent pour s'informer, jouer, se distraire ou simplement pour passer le temps. Qu'est-ce qu'ils préfèrent? | Le journal de 20 heures bien sûr, mais aussi les films, les jeux et le sport. C'est entre 20 et 22 heures que les Français regardent le plus la télévision. Les Français, qui aiment beaucoup discuter, s'inté- | ressent aussi aux débats. Il y en a sur toutes les chaînes et sur tous les sujets. Dans ces émissions, les invités parlent de la politique, des problèmes de la vie, des gens célèbres, etc. ■ |

• *Préparez des questions sur le texte.*

....
....
....
....

• *Posez vos questions et répondez aux questions des autres apprenants.*

▨ 15 ▨ *Discutez.*

• *Répondez aux questions pour préparer la discussion.*

• *Donnez votre opinion. Discutez avec les autres apprenants.*

1. Quand regardez-vous la télé? Combien de temps par jour?

....

2. Quelles sont vos émissions préférées?

....

3. Faut-il avoir plus d'une télévision dans une famille? Pourquoi?

....

4. Quels sont les avantages et les inconvénients de la télévision?

....

5. Pouvez-vous imaginer votre vie sans la télévision?

....

▨ 16 ▨ *Réagissez.*

• *Décrivez les dessins. Expliquez les situations.*

• *Discutez avec les autres apprenants.*

Posez la question ou donnez la réplique.
Pour chaque phrase, vous devez trouver une, deux ou trois répliques ou questions.
Attention, vous ne devez pas utiliser les mêmes réponses pour différentes phrases.

– « Tu sais comment elle est la sœur de Lucie ? »

1. Non, ... **2.** Non, ...

3. ....?

4. ....?

– « Je crois qu'elle a les yeux bleus. »

– « Et ses cheveux, ils sont comment ? »

5. .... **6.** ....

7. .... **8.** ....

– « Elle a beaucoup de qualités ? »

9. Oui, elle est ...., ..., ..., ...

10. Non, elle est ...., ..., ..., ...

– « Qui est-ce ? »

11. C'est une fille qui ....

12. C'est une fille qui ....

13. C'est une fille que ....

– « Tu as un livre de français ?

14. Oui, c'est le livre qui ....

15. Oui, c'est le livre que ....

16. Oui, c'est le livre que ....

– « Tiens ! Tu as fait le ménage. »

17. Oui, ...

18. Oui, ...

19. Oui, ...

– « Tu viens quelquefois dans ce café ? »

20. Oui, ... **21.** Oui, ...

22. Oui, ... **23.** Non, ...

24. .... ?

25. .... ?

– « J'ai eu un accident. »

– « Qu'est-ce qui est arrivé à monsieur Grenier ? »

26. ....

27. ....

28. ....

– « Ça s'est passé quand ? »

29. ....   **30.** ....

31. ....   **32.** ....

– « Qu'est-ce que vous avez fait hier à l'école ? »

33. ....

34. ....

35. ....

– « Qu'est-ce que tu as fait pendant les vacances ? Tu as voyagé ? »

36. ....

37. ....

38. ....

39. .... ?

– « Sur la première chaîne, il y a du football et sur la deuxième un film. »

– « Qu'est-ce que tu aimes regarder à la télé ? »

40. ...., ..., ...

COMPTEZ VOS POINTS

Vous avez **plus de 30 points** : BRAVO ! C'est très bien. Vous pouvez passer à l'unité suivante.

Vous avez **plus de 20 points** : C'est bien, mais regardez vos erreurs, cherchez les réponses possibles dans les leçons et refaites le test. Ensuite, passez à l'unité suivante.

Vous avez **moins de 20 points** : Vous n'avez pas bien mémorisé cette unité, reprenez-la complètement (avec les corrigés), puis recommencez l'autoévaluation. Bon courage !

UNITÉ 1 • LEÇON 1

■ ÉCOUTE 1 ET 2 PAGE 8

- *Homme 1 :* – Bonjour, comment ça va?
- *Homme 2 :* – Bien merci, et toi?
- *Homme 1 :* – Ça va merci.
- *Femme 1 :* – Salut Julie, tu vas bien?
- *Femme 2 :* – Oui, très bien, et toi ça va?
- *Femme 1 :* – Pas mal.
- *Jeune femme :* – Bonsoir, monsieur Blanc, comment allez-vous?
- *Homme âgé :* – Bien, mademoiselle Renaud, et vous?
- *Jeune femme :* – Ça va bien, je vous remercie.
- *Jeune fille :* – Salut Nicolas, ça va bien?
- *Jeune homme :* – Ça va, ça va…

■ ÉCOUTE 3 PAGE 9 *(bruits de bar)*

- *Une femme :* – Pardon monsieur, vous êtes bien Philippe?
- *Un homme :* – Oui, et vous êtes Nathalie. Bonjour, vous allez bien?
- *Une femme* – Ça va, merci, mais c'est la première fois…
- *Un homme :* – Je comprends mais, c'est très difficile de rencontrer des gens aujourd'hui.
- *Une femme* – Oui, c'est vrai, bon alors on commence. Vous habitez au centre-ville?
- *Un homme :* – Oui, j'ai un grand appartement, et vous?
- *Une femme* – Moi j'habite en banlieue. Vous êtes divorcé, je crois?
- *Un homme :* – Non, je suis célibataire et je n'ai pas d'enfants.
- *Une femme* – Moi, j'ai une fille. Elle a 12 ans, je suis divorcée. Qu'est-ce que vous faites dans la vie?
- *Un homme :* – Je suis coiffeur, coiffeur pour dames. Et vous?
- *Une femme* – Moi, je suis réceptionniste dans un hôtel.
- *Un homme :* – Alors vous rencontrez beaucoup de gens!
- *Une femme* – Oui, bien sûr, mais on n'a pas le temps de se connaître. Excusez-moi, mais… quel âge avez-vous?
- *Un homme :* – Trente-six ans.
- *Une femme* – Oh là là, vous êtes jeune! Moi, j'ai quarante ans.
- *Un homme :* – Ce n'est pas un problème!

■ ÉCOUTE 4 PAGE 13

- *Une étrangère :* – Ah, en France c'est difficile, je ne sais jamais à qui il faut faire la bise.
- *Une Française :* – C'est simple, tu fais la bise à ta famille, à tes amis et aux amis de tes amis.
- *Une étrangère :* – Oui, mais combien de bises?
- *Une Française :* – Deux, trois, quatre, ça dépend des villes.
- *Une étrangère :* – Et les filles font la bise aux garçons?
- *Une Française :* – Bien sûr. Et tu sais à quel âge les filles se marient ici?
- *Une étrangère :* – Ben, je ne sais pas. 23, 24 ans?
- *Une Française :* – Non, vers 27 ans, et les garçons vers 29 ans.
- *Une étrangère :* – Et vous avez beaucoup d'enfants?
- *Une Française :* – Presque deux par famille, pas mal, non? Plus que nos voisins européens.
- *Une étrangère :* – Oui, et vous avez aussi beaucoup de chiens et de chats.
- *Une Française :* – Ça, c'est vrai!

• LEÇON 2

■ ÉCOUTE 1 ET 2 PAGE 14

- *Une femme :* – Voilà ta chambre, elle te plaît?
- *Une ado :* – Bof, elle n'est pas terrible.
- *Une femme :* – Ah bon, moi, je l'aime beaucoup!
- *Un homme :* – Vous aimez les sports d'hiver?
- *Une femme :* – Ah non, je déteste ça!

- *Un homme :* – Ah bon ? Moi, ça me plaît beaucoup !

___

- *Un jeune homme :* – J'adore ta nouvelle voiture.
- *Une jeune fille :* – Pas mal, hein ?
- *Un jeune homme :* – Oui, elle est géniale !

___

- *Une ado :* – J'aime bien ce chanteur.
- *Un ado :* – Ah non, il est nul !
- *Une ado :* – Nul ? Mais non, il est super !

■ ÉCOUTE 3 PAGE 15

1. Moi, j'adore le ski.
2. Je n'aime pas du tout faire la cuisine !
3. J'aime beaucoup tes nouvelles chaussures.
4. Il est nul ce film !
5. Moi, je n'aime pas le vin.
6. Regarde ce sac, il est super !
7. Il me plaît ce disque.
8. Géniale ta moto !

■ ÉCOUTE 4 PAGE 15

- *Une femme 1 :* – Et ce vase ? Je l'aime bien moi.
- *Une femme 2 :* – Moi non, je n'aime pas la couleur.
- *Une femme 1 :* – Et ça, regarde, elle adore les miroirs.
- *Une femme 2 :* – Il est pas mal mais un peu grand. Je préfère ces verres à champagne.
- *Une femme 1 :* – Ah oui, ils sont super. Oh, mais trop chers !
- *Une femme 2 :* – Et ça, ça te plaît ?
- *Une femme 1 :* – Quoi, la lampe ?… Elle ne me plaît pas beaucoup.
- *Une femme 2 :* – Bof, moi non plus.
- *Une femme 1 :* – C'est difficile de trouver un cadeau !

■ ÉCOUTE 5 PAGE 16 *(la même phrase répétée 4 fois avec des sentiments différents : joie, surprise, tristesse et colère)*

Il y a un chien dans la classe.

■ ÉCOUTE 1 ET 2 PAGE 20

- *Un homme :* – Je vais au théâtre ce soir, vous voulez venir avec moi ?
- *Une femme :* – Avec plaisir.

___

- *Un homme 1 :* – Tu peux venir chez moi dimanche ? Je fais une petite fête.
- *Un homme 2 :* – Désolé, je ne suis pas libre.

___

- *Un homme :* – C'est mon anniversaire, je vous invite au restaurant !
- *Une femme :* – Oh merci, c'est gentil.

___

- *Une femme :* – Tu es libre demain soir ? J'ai deux places pour le concert.
- *Un homme :* – Je regrette, je dois travailler.

___

- *Un homme :* – On va au cinéma ?
- *Une femme :* – Pourquoi pas ? C'est une bonne idée.

■ ÉCOUTE 3 PAGE 21

- *Femme 1 :* – Tu veux faire du vélo avec nous dimanche matin ?
- *Femme 2 :* – Oui, c'est une bonne idée. Vous allez où ?
- *Femme 1 :* – Au bord de la mer, c'est facile. Tu peux venir avec ta fille.
- *Femme 2 :* – Pourquoi pas ? Elle adore faire du vélo.
- *Femme 1 :* – Mes enfants aussi, ils aiment beaucoup ça.
- *Femme 2 :* – Et à midi, on fait un pique-nique ?
- *Femme 1 :* – Non, on mange à la maison, je vous invite !
- *Femme 2 :* – Ah merci, c'est gentil !

UNITÉ 2   • LEÇON 1

■ ÉCOUTE 1 ET 2 PAGE 28

- *Une femme :* – Où est la voiture ?
- *Un homme :* – Devant le garage.

___

- *Une femme :* – Où se trouve ton école ?
- *Un homme :* – Derrière le cinéma.

___

- *Une femme :* – La place des Arts, c'est où ?
- *Un homme :* – À côté de la gare.

___

- *Un homme :* – Tu sais où sont mes lunettes ?
- *Une femme :* – Sur ton bureau.

___

- *Un homme :* – Est-ce que vous pouvez me dire où se trouvent les toilettes ?
- *Une femme :* – Dans le couloir, à droite.

■ ÉCOUTE 3 PAGE 29

- *Un homme :* — Chérie, tu sais où est ma chemise bleue ?
- *Une femme :* — Oui, sur le lit.
- *Un homme :* — Et ma cravate jaune, elle est où ?
- *Une femme :* — Dans le salon, sous ta veste.
- *Un homme :* — Mais non !
- *Une femme :* — Mais si, mon chéri !
- *Un homme :* — Ah oui, tu as raison.
- *Une femme :* — Comme d'habitude.
- *Un homme :* — Et mes chaussures noires, où elles se trouvent ?
- *Une femme :* — Derrière le canapé. C'est tout ?
- *Un homme :* — Oui, enfin… non… La rue des Oliviers, tu sais où c'est ?
- *Une femme :* — Ça, je suis désolée, je ne sais pas.

• LEÇON 2

■ ÉCOUTE 1 ET 2 PAGE 34

- *Un homme :* — Pardon madame, je cherche le cinéma Royal, s'il vous plaît ?
- *Une femme :* — C'est par là.

- *Une femme :* — S'il vous plaît monsieur, je cherche l'université, vous pouvez m'indiquer le chemin ?
- *Un homme :* — Bien sûr. Elle est derrière vous.

- *Un homme :* — Excusez-moi, pour aller à la piscine, s'il vous plaît ?
- *Une femme :* — Désolée, je ne sais pas.

- *Une femme :* — Pardon monsieur, vous connaissez le chemin pour aller à la gare ?
- *Un homme :* — La gare ? Elle est là, en face de vous.

■ ÉCOUTE 3 PAGE 35

- *Un homme :* — Pour aller à la piscine, s'il vous plaît ?
- *Une femme :* — Vous continuez tout droit puis vous tournez à gauche.

- *Une femme :* — Excusez-moi, je cherche la poste.
- *Un homme :* — Vous prenez la première à droite. Au bout de la rue, vous tournez à gauche.

- *Un homme :* — Vous pouvez m'indiquer la rue des Fleurs, s'il vous plaît ?
- *Une femme :* — Vous traversez la place, c'est la rue en face.

- *Une femme :* — Vous savez comment on va à la mairie ?
- *Un homme :* — Oui, vous allez jusqu'à la poste et vous tournez à gauche.

■ ÉCOUTE 4 PAGE 36

- *Une femme :* — Pardon monsieur, pour aller au château, s'il vous plaît ?
- *Un homme :* — Continuez tout droit jusqu'au pont, après le pont, tournez à droite, puis prenez la troisième à gauche.
- *Une femme :* — Excusez-moi, vous pouvez répéter ?
- *Un homme :* — Après le pont, tournez à droite, et prenez la troisième route à gauche.
- *Une femme :* — D'accord.
- *Un homme :* — Après, ne traversez pas le village, tournez avant, c'est là.
- *Une femme :* — Je ne comprends pas bien. Il faut tourner à droite ou à gauche ?
- *Un homme :* — À gauche.
- *Une femme :* — Merci beaucoup.

• LEÇON 3

■ ÉCOUTE 1 ET 2 PAGE 40

- *Un homme :* — Quelle heure est-il ?
- *Une femme :* — Il est quatre heures moins dix.

- *Une femme :* — À quelle heure tu pars ?
- *Un homme :* — À midi et demi.

- *Un homme :* — Vers quelle heure vous arrivez ?
- *Une femme :* — Vers onze heures vingt, je crois.

- *Une femme :* — Jusqu'à quelle heure vous restez ici ?
- *Un homme :* — Jusqu'à trois heures moins le quart.

- *Un homme :* — De quelle heure à quelle heure le bureau est ouvert ?
- *Une femme :* — De huit heures quarante-cinq à dix-sept heures quinze.

■ ÉCOUTE 3 PAGE 41

- *Un homme :* — Qu'est-ce qu'on fait samedi ?
- *Une femme :* — Ben, on fait les courses.
- *Un homme :* — À quelle heure ?
- *Une femme :* — À neuf heures.
- *Un homme :* — Oui, mais moi, je ne veux pas rester au supermarché jusqu'à midi.
- *Une femme :* — Mais non ! On fait les courses de neuf heures à onze heures et après on va à la plage.

- *Un homme :* – Oui mais, jusqu'à quelle heure on reste à la plage ? Moi je veux voir le match de foot.
- *Une femme :* – Il est à quelle heure ton match ?
- *Un homme :* – À quatre heures et demie.
- *Une femme :* – Oh, on ne va pas rester à la plage jusqu'à quatre heures. On peut rentrer vers trois-heures trois heures et demie.
- *Un homme :* – Et on mange quand ?
- *Une femme :* – À huit heures précises, ma mère vient dîner à la maison.
- *Un homme :* – Et à midi, on ne mange pas ?

■ ÉCOUTE 4 PAGE 42

- *Un homme :* – Bonjour madame, un billet pour Marseille, s'il vous plaît.
- *Une femme :* – Vous voulez partir quand ?
- *Un homme :* – Maintenant. C'est possible ?
- *Une femme :* – Alors… vous avez un train à 11 h 50… il est 11 h 52, c'est trop tard…
- *Un homme :* – Ah zut ! Quel dommage !
- *Une femme :* – Après, il y a un TGV à 14 h 18.
- *Un homme :* – Il n'y a pas de train avant ?
- *Une femme :* – Non, je suis désolée.
- *Un homme :* – Ah ! C'est bête ! Bon ben tant pis, je prends le TGV.
- *Une femme :* – Un aller simple ?
- *Un homme :* – Non, un aller-retour.
- *Une femme :* – En première ou en seconde classe ?

- *Un homme :* – En seconde.
- *Une femme :* – Voiture fumeur ou non-fumeur ?
- *Un homme :* – Non-fumeur.
- *Une femme :* – Voilà, 25 euros. Il part du quai numéro 2, voie A.

■ ÉCOUTE 5 PAGE 45

- *Une femme :* – Tu prends l'avion pour aller à Bruxelles ?
- *Un homme :* – Non, je prends le TGV, c'est moins cher et aussi rapide. En plus, tu pars du centre de Paris et tu arrives au centre de Bruxelles.
- *Une femme :* – Vous, les Français, vous prenez souvent le train.
- *Un homme :* – Bien sûr, avec le TGV tu peux aller à Londres, à Marseille, à Bordeaux… et faire l'aller-retour dans la journée.
- *Une femme :* – Et pour aller plus loin, vous prenez l'avion ?
- *Un homme :* – Oui mais tu sais, pendant les vacances, beaucoup de gens font du tourisme en France. Il y a beaucoup de choses à voir : la mer, la montagne, la campagne, les villages anciens, les villes modernes, des monuments partout…
- *Une femme :* – Les étrangers aussi font du tourisme en France, surtout à Paris !

UNITÉ 3 · LEÇON 1

■ ÉCOUTE 1 ET 2 PAGE 48

- *Un homme :* – Allô, je suis bien chez Virginie ?
- *Une femme :* – Oui, ne quittez pas, je vous la passe… Virginie, c'est pour toi !
- *Un homme :* – Allô, Françoise, c'est Marc. Est-ce que je peux parler à Nicolas, s'il te plaît ?
- *Une femme :* – Oui, un instant, je te le passe.
- *Un homme :* – Merci.
- *Une femme 1 :* – Allô, le docteur Verdier est là, s'il vous plaît ?
- *Une femme 2 :* – Non, mais vous pouvez rappeler vers trois heures ?
- *Une femme 1 :* – Oui d'accord, merci.

- *Une femme 1 :* – Allô, bonjour, je voudrais parler à monsieur Blanc, s'il vous plaît.
- *Une femme 2 :* – Je suis désolée, il n'est pas là. Vous voulez laisser un message ?
- *Une femme 1 :* – Non merci, ce n'est pas urgent.

■ ÉCOUTE 3 PAGE 49

- *Femme 1 :* – Allô, bonjour, je voudrais parler à monsieur Dufour, s'il vous plaît.
- *Femme 2 :* – C'est de la part de qui ?
- *Femme 1 :* – Béatrice Galet.
- *Femme 2 :* – Un instant, s'il vous plaît… Je suis désolée, il est en ligne. Vous pouvez rappeler cet après-midi ?
- *Femme 1 :* – Ah non, c'est urgent.

- *Femme 2 :* — Vous voulez laisser un message?
- *Femme 1 :* — Oui, je suis à mon bureau jusqu'à midi.
- *Femme 2 :* — Il a votre numéro?
- *Femme 1 :* — Je ne sais pas,… C'est le 04 67 64 46 24.
- *Femme 2 :* — Très bien.

■ ÉCOUTE 4 PAGE **51**

- *Carole :* — Allô, bonjour, c'est Carole, est-ce que je peux parler à Simon?
- *Une femme :* — Oui, ne quittez pas, je vous le passe… Simon, c'est pour toi!
- *Simon :* — Bonjour Carole, ça va?
- *Carole :* — Très bien. Qu'est-ce que tu fais ce soir, tu es libre?
- *Simon :* — Pourquoi?
- *Carole :* — J'ai rendez-vous avec des amis pour aller au restaurant. Tu veux venir?
- *Simon :* — Oui, mais je ne les connais pas, moi…
- *Carole :* — Ils sont sympas, tu sais.
- *Simon :* — Bon d'accord. On se retrouve où?
- *Carole :* — Devant le café du Parc, à côté de la fontaine.
- *Simon :* — À quelle heure?
- *Carole :* — Vers huit heures, ça te va?
- *Simon :* — Oui, je pense… ah mais non! Je dois voir Sophie ce soir!
- *Carole :* — Et alors? Téléphone-lui et invite-la!
- *Simon :* — Pourquoi pas?

• LEÇON 2

■ ÉCOUTE 1 ET 2 PAGE **54**

- *Un homme :* — Tu as l'air fatigué?
- *Une femme :* — Oui, je suis malade.

- *Une femme :* — Qu'est-ce qu'il y a, tu n'es pas malade?
- *Un homme :* — Non, je suis un peu fatigué.

- *Un homme :* — Qu'est-ce qu'il y a, ça ne va pas?
- *Une femme :* — J'ai mal à la tête.

- *Une femme :* — Tu as l'air en forme aujourd'hui!
- *Un homme :* — Ah oui, je suis en pleine forme!

- *Un homme :* — Qu'est-ce qui ne va pas?
- *Une femme :* — Oh, j'ai froid!

■ ÉCOUTE 3 PAGE **55**

- *Une femme :* — Salut Patrice, tu n'as pas l'air en forme aujourd'hui. Qu'est-ce qu'il y a?
- *Patrice :* — Non, j'ai mal à la gorge et je crois que j'ai de la fièvre.
- *Une femme :* — Tu as une angine?
- *Patrice :* — Je ne sais pas. J'ai mal aux jambes aussi, et au ventre.
- *Une femme :* — Tu as peut-être la grippe. Va chez le médecin!
- *Patrice :* — J'ai rendez-vous à trois heures cet après-midi.

■ ÉCOUTE 4 PAGE **59**

- *Une étrangère :* — Tu viens au cinéma avec moi?
- *Une Française :* — Non, j'ai rendez-vous chez le médecin.
- *Une étrangère :* — Tu vas chez le docteur Marie?
- *Une Française :* — Non, chez un autre, c'est un nouveau.
- *Une étrangère :* — Et qu'est-ce que tu as?
- *Une Française :* — Je suis enrhumée.
- *Une étrangère :* — Ça c'est bien français! Chez moi, on ne va pas chez le médecin pour un rhume!
- *Une Française :* — Nous si. Un Français va chez le médecin huit fois par an, enfin… plus ou moins.
- *Une étrangère :* — Et pour un rhume, tu veux prendre des médicaments?
- *Une Française :* — Bien sûr. Tu sais, on achète beaucoup de médicaments en France, on est les champions.
- *Une étrangère :* — Et les médicaments, tu les achètes où?
- *Une Française :* — À la pharmacie bien sûr!

• LEÇON 3

■ ÉCOUTE 1 ET 2 PAGE **60**

- *Un homme :* — Qu'est-ce que tu vas faire ce soir?
- *Une femme :* — Je vais regarder la télévision, et toi?
- *Un homme :* — Moi, je vais rester chez moi.

- *Un homme :* — Mademoiselle Sara, vous allez danser samedi soir?
- *Une femme :* — Je ne sais pas, monsieur Jules, je vais peut-être aller au Club 07. Et vous?
- *Un homme :* — Moi aussi, je vais aller danser. Avec vous peut-être?

- *Une femme :* — Manuel, qu'est-ce que tu vas faire dimanche ?
- *Un homme :* — Dimanche, je vais aller chez mes parents, et toi ?
- *Une femme :* — Bof, moi, je ne sais pas ce que je vais faire.

- *Un homme :* — Laura, qu'est-ce qu'ils vont faire les enfants demain ?
- *Une femme :* — Ils vont dormir chez ma mère. Et nous, on va dîner au restaurant.
- *Un homme :* — Ah non, moi je vais voir le match de football chez Rémi.

- *Un homme :* — Qu'est-ce que tu vas faire cet après-midi avec tes amis ?
- *Une femme :* — Nous allons préparer la fête pour ce soir. Tu vas venir ?
- *Un homme :* — Bien sûr, je vais venir avec Jean-Marc.

■ ÉCOUTE 3 PAGE 61

- *Un homme :* — Qu'est-ce que tu vas faire ce soir ?
- *Une femme :* — Je vais dîner au restaurant avec des amis.

- *Un homme :* — Et demain soir ?
- *Une femme :* — Demain soir, je vais aller au cinéma.
- *Un homme :* — Et, après-demain, qu'est-ce que tu vas faire ?
- *Une femme :* — Ben, je crois que je vais sortir avec ma copine.
- *Un homme :* — Et la semaine prochaine ?
- *Une femme :* — Bof… je ne sais pas.
- *Un homme :* — Et le 31 décembre, qu'est-ce que tu vas faire ?
- *Une femme :* — Oh ! ça suffit maintenant, tu m'énerves avec tes questions ! Est-ce que je te demande ce que tu vas faire dans dix ans, moi ?

■ ÉCOUTE 4 PAGE 62

– Comment ça, monsieur Noir, vous allez partir ?
– Je vais quitter mon travail.
– Vous plaisantez ! Et qu'est-ce que vous allez faire ?
– Je vais faire le tour du monde.
– Ah bon ? Et comment vous allez payer ce voyage ?
– Je vais vendre ma maison.
– Vous rigolez ! Et avec qui vous allez partir.
– Avec votre secrétaire.
– Non !? Je vais devenir fou.

UNITÉ 4   • LEÇON 1

■ ÉCOUTE 1 ET 2 PAGE 68

- *La cliente :* — Je voudrais une baguette et deux croissants. Ça fait combien ?
- *La boulangère :* — Deux euros, s'il vous plaît.

- *Le client :* — Donnez-moi deux cahiers et un stylo rouge, s'il vous plaît. Combien je vous dois ?
- *La vendeuse :* — Ça fait cinq euros quatre-vingt-dix.

- *La cliente :* — Je vais prendre ce melon, s'il vous plaît. Il coûte combien ?
- *Le vendeur :* — Pas cher, mademoiselle, deux euros.

■ ÉCOUTE 3 PAGE 69

- *La cliente :* — Donnez-moi des oranges, s'il vous plaît.
- *Le vendeur :* — Combien, madame ?
- *La cliente :* — Oh, un kilo. Je vais prendre aussi du lait, deux litres.
- *Le vendeur :* — Et avec ça ?
- *La cliente :* — Vous avez de la sauce tomate italienne ?
- *Le vendeur :* — Oui madame, et elle est très bonne.

- *La cliente :* — Alors, deux boîtes, s'il vous plaît… Et donnez-moi de l'huile d'olive.
- *Le vendeur :* — De l'huile d'olive, voilà madame. Vous voulez autre chose ?
- *La cliente :* — Non, c'est tout. Combien ça fait ?
- *Le vendeur :* — Ça fait treize euros quatre-vingt-cinq, madame.

• LEÇON 2

■ ÉCOUTE 1 ET 2 PAGE 74

- *Un client :* — Vous avez une table pour trois personnes ?
- *Le serveur :* — Oui monsieur, près de la fenêtre ou au premier étage.

- *Une cliente :* — Vous pouvez m'apporter le menu, s'il vous plaît ?
- *Le serveur :* — Tout de suite, madame.

- *Un client :* — Qu'est-ce que vous avez comme plat du jour ?
- *La serveuse :* — Un steak-frites, monsieur.

- *Un client :* — Qu'est-ce que vous me conseillez comme vin ?

• *Le serveur :* — Le pic saint-loup rouge, il est excellent !

___

• *Une cliente :* — Je peux avoir l'addition, s'il vous plaît ?

• *La serveuse :* — Bien sûr, madame.

■ ÉCOUTE 3 PAGE 75

Le serveur et un client

— Alors, qu'est-ce que vous prenez, monsieur ?
— Je vais prendre le menu à 20 euros.
— Comme entrée, qu'est-ce que vous voulez ?
— Qu'est-ce qu'il y a dans la salade niçoise ?
— Des tomates, de la salade verte, des haricots verts, des pommes de terre, du thon et des œufs.
— Non alors, donnez-moi du jambon cru.
— Bon, et comme plat principal ?
— Je voudrais du poulet avec des petits pois. Et comme dessert, donnez-moi un gâteau au chocolat.
— Qu'est-ce que vous voulez boire ?
— Un quart de vin rouge et une carafe d'eau, s'il vous plaît.
— Très bien.

■ ÉCOUTE 4 PAGE 77

— Tu connais la recette des crêpes ?
— Bien sûr, c'est facile !
— Comment on fait ?
— Il faut de la farine, des œufs, du lait, du sucre, du sel et du beurre.
— Oh doucement ! Il faut combien de farine ?
— Tu en mets 250 grammes dans un saladier et tu ajoutes les œufs.
— Combien ?
— Oh, tu en mets quatre et tu mélanges.
— Et après ?
— Après, tu ajoutes le lait, tu en mets un demi-litre, et tu mélanges encore.
— C'est tout ?
— Non, quand c'est bien mélangé, tu ajoutes une cuillère à soupe de sucre et un peu de sel.
— Ben, et le beurre ?
— Ah oui, tu en mets 50 grammes et tu attends une heure ou deux.
— Et après ?
— Quand la pâte est prête, tu en mets un peu dans la poêle chaude, tu la fais cuire une minute, tu la retournes, tu la laisses encore un peu et c'est fini.

• LEÇON 3

■ ÉCOUTE 1 ET 2 PAGE 80

La vendeuse et des clientes.

— Est-ce que vous avez des vestes en laine ?
— Oui bien sûr, madame, vous faites quelle taille ?
— 42, 44, ça dépend.

— C'est pas mal, mais... j'hésite encore.
— Ça vous va bien, je vous assure.
— Non, je vais réfléchir.

___

— Je peux essayer ce pantalon ?
— Oui, vous avez la cabine en face de vous, au fond à droite.
— Merci.

___

— Cette veste, vous l'avez aussi en noir ?
— Oui, mais ce n'est pas exactement le même modèle.
— Je peux la voir ?

___

— Elle me va bien, non ? Qu'est-ce que vous en pensez ?
— Elle vous va très bien, madame.
— Je vais la prendre.

■ ÉCOUTE 3 PAGE 81

• *Un homme :* — Vous avez des chemises grises ?

• *Une vendeuse :* — Bien sûr, monsieur. Elles sont là. Vous faites quelle taille ?

• *Un homme :* — Ben... ce n'est pas pour moi, c'est pour offrir. Mon fils est un peu plus grand que moi.

• *Une vendeuse :* — 42 alors. Voilà monsieur, elle vous plaît ?

• *Un homme :* — Oui, beaucoup. Si ça ne va pas, je peux la changer ?

• *Une vendeuse :* — Bien sûr, monsieur,

• *Un homme :* — Bon, alors je vais la prendre.

• *Une vendeuse :* — Vous réglez comment ?

• *Un homme :* — Par carte.

• *Une vendeuse :* — Vous pouvez taper votre code.

• *Un homme :* — Oui.

• *Une vendeuse :* — Je vous fais un paquet cadeau ?

• *Un homme :* — Oui, merci.

■ ÉCOUTE 4 PAGE 83 *un vendeur pas aimable et des clients*

— Bonjour monsieur, je cherche un pull pour un petit garçon de 8 ans.
— On n'a pas de pull pour enfants, madame.
— Ah bon, merci.

___

— Pardon monsieur, vous avez encore des chaussettes en laine ?
— Il n'y en a plus, il fait trop chaud.
— Quel dommage !

___

— S'il vous plaît, il y a un vendeur pour les chaussures ?
— Non, il n'y a personne, il est malade.
— Ah, c'est bête !

___

— Excusez-moi, je ne trouve pas les cravates.
— Il n'y a jamais de cravates dans ce magasin, monsieur.
— Ah bon, c'est bizarre.

___

— Pardon monsieur, je cherche quelque chose pour un bébé ?
— Il n'y a rien pour les bébés ici.
— Ah bon, tant pis.

UNITÉ 5

■ ÉCOUTE 1 ET 2 PAGE 88

• *Deux filles :*

– Le copain d'Aurélie, il est comment?

– Je ne sais pas, je ne le connais pas.

• *Deux filles :*

– Sophie, elle a les yeux de quelle couleur?

– Sophie, ben... elle a les yeux bleus!

• *Une fille :* – Il est grand Julien, combien il mesure?

• *Un garçon :* – Je n'en sais rien... 1,90 mètre peut-être.

• *Deux garçons :*

– Ah bon, elle a les yeux verts!... Et elle a les cheveux comment?

– Elle a les cheveux longs et elle est brune.

• *Une fille :* – Vanessa, c'est bien la petite blonde aux yeux bleus?

• *Un garçon :* – Aucune idée!... Demande à Christian!

■ ÉCOUTE 3 PAGE 89

Deux femmes

– Tiens, regarde, c'est la photo de mes collègues.

– Qui est-ce le grand blond, à droite? Il est mignon!

– C'est Arnaud, il est mignon mais il est stupide!

– Et le petit brun là? Il a l'air gentil?

– Oui, c'est Cédric, il est très gentil et, en plus, il est très amusant!

– Et la femme à gauche? Elle n'est pas mal!

– C'est la secrétaire du directeur. Elle est jolie, mince, mais pas très sympathique.

– Et le directeur, il est où?

– Il est là, au milieu.

– Oh là là! Il est gros!

– C'est vrai, mais il est super, tu sais, intéressant, aimable, toujours calme...

– Et la femme blonde?

– C'est mademoiselle Mouchette, elle est très timide. Elle est toujours derrière sur les photos.

■ ÉCOUTE 1 ET 2 PAGE 94

• *Un homme :* – Qu'est-ce que tu fais le dimanche?

• *Une femme :* – Je vais souvent à la campagne, chez mes parents.

• *Une femme :* – Tu pars en vacances tous les ans?

• *Un homme :* – Non, je ne pars jamais, je n'ai pas assez d'argent.

• *Un homme :* – Tu te couches tard le soir?

• *Une femme :* – Non, pas trop tard parce que le matin je me réveille tôt.

• *Une femme :* – Tu manges toujours dans ce restaurant à midi?

• *Un homme :* – Non, je déjeune quelquefois à la cafétéria avec mes collègues.

• *Un homme :* – Tu vas au cinéma le samedi soir?

• *Une femme :* – Non, pas toutes les semaines!

■ ÉCOUTE 3 PAGE 95

• *Une femme :* – Qu'est-ce que tu fais le week-end?

• *Un homme :* – Souvent, je reste à la maison; mais ce week-end, j'ai visité Lille.

• *Une femme :* – Tout seul?

• *Un homme :* – Oui, mais là-bas, j'ai rencontré un copain. On a pris un verre dans un café, on a parlé...

• *Une femme :* – C'est tout?

• *Un homme :* – Non, on a mangé au restaurant, et on a bien bu aussi!

• *Une femme :* – Qu'est-ce que vous avez fait après?

• *Un homme :* – On a fait des courses, j'ai acheté un pantalon...

• *Une femme :* – Tu as dormi à Lille?

• *Un homme :* – Oui, chez mon copain. On a fait la fête jusqu'à 4 heures du matin, mais après, j'ai été malade!

■ ÉCOUTE 1 ET 2 PAGE 100

• *Une femme :* – Tu es en retard, qu'est-ce qui s'est passé?

• *Un homme :* – Oh, je suis désolé, ma voiture est tombée en panne.

• *Un homme :* – Qu'est-ce qui s'est passé?

• *Une femme :* – Il y a eu accident, on a appelé les pompiers.

• *Un homme :* – Qu'est-ce qui t'est arrivé?

• *Une femme :* – On m'a volé mon sac dans le métro.

• *Une femme :* – Qu'est-ce qui est arrivé à Sophie, je ne la vois plus?

• *Un homme :* – Elle est tombée dans la rue, elle s'est cassé la jambe.

■ ÉCOUTE 3 PAGE 101

Radio Sud, bonjour! Alors que s'est-il passé cette semaine en France?

- Lundi dernier, le Premier ministre chinois est venu à Paris. Il a discuté avec le président des problèmes de son pays.
- L'ancien footballeur André Sabatini est mort mercredi dernier à l'âge de 75 ans.
- Avant-hier, Alain Legrand, notre Premier ministre, a eu un accident de voiture. Il est sorti de l'hôpital ce matin, tout va bien.
- Tennis, hier soir, Stéphanie Morel a gagné le match contre Amélie Carré. Elle est devenue championne de France.
- Enfin aujourd'hui, l'actrice Sophie Moreau se marie avec le chanteur Patrick Sorel, qu'elle a rencontré il y a six mois sur une plage du Mexique.

■ ÉCOUTE 4 PAGE 103

Deux femmes
– Je t'ai vue à la télé hier, tu as gagné une voiture, c'est super !
– Oui, tu as vu, j'ai bien joué.
– Mais comment tu as fait pour aller à ce jeu ?
– Ah, ce n'est pas facile ! D'abord, j'ai téléphoné pour m'inscrire.
– Une seule fois ?
– Tu plaisantes ? J'ai téléphoné tout l'après-midi.
– Et après ?
– Après, j'ai dû répondre à 50 questions au téléphone.
– Et puis, qu'est-ce qui s'est passé ?
– Trois jours après, on m'a rappelée, on m'a encore posé dix questions et ensuite on m'a invitée à la télé.
– Et tu as fait autre chose avant de jouer ?
– Oui, on a joué une fois avant l'émission et, enfin, on a joué vraiment.
– Bof, ce n'est pas si difficile, je crois que je vais essayer.

CORRIGÉS DES EXERCICES

UNITÉ 1 • LEÇON 1

Page 8, exercice 1 : **1. Dialogue 1 :** dans une entreprise, deux collègues de travail. – **Dialogue 2 :** dans un magasin, deux amies. – **Dialogue 3 :** dans la rue, deux voisins. – **Dialogue 4 :** dans la rue, deux copains.
2. 3ᵉ dialogue : le soir.
Page 9, exercice 5 : **1.** non – **2.** parce qu'elles sont seules, elles cherchent un ou une amie – **3. L'homme** : il s'appelle Philippe, il habite au centre ville, il a un grand appartement, il est célibataire, il n'a pas d'enfants, il est coiffeur pour dames, il a trente-six ans.
La femme : elle s'appelle Nathalie, elle habite en banlieue, elle est divorcée, elle a une fille de douze ans, elle est réceptionniste dans un hôtel, elle a quarante ans.
Page 12, exercice 11 : **1.** Zinedine Zidane – **2.** Le président.
Page 13, exercice 12 :
• À qui fait-on la bise en France? – On fait la bise à la famille, aux amis, aux amis des amis.
• Combien de bises doit-on faire? – Ça dépend des villes : deux, trois ou quatre.
• En France, les filles font-elles la bise aux garçons ? – Oui, bien sûr.
• À quel âge est-ce que les filles et les garçons se marient en France? – Les filles se marient vers 27 ans et les garçons vers 29 ans.
• Les Français ont-ils beaucoup d'enfants? – Ils ont presque deux enfants par famille.
• Est-ce qu'ils ont plus ou moins d'enfants que dans les autres pays européens? – Ils ont plus d'enfants.
• Est-ce qu'ils ont des animaux? – Oui, ils ont beaucoup de chiens et de chats.

• LEÇON 2

Page 14, exercice 1 : **1.** Elles parlent de la chambre de la jeune fille. Elles ne sont pas d'accord. La jeune fille n'aime pas beaucoup la chambre. Elle dit : « Elle n'est pas terrible. » La femme dit : « Je l'aime beaucoup. » – **2.** Ils parlent des sports d'hiver. Ils ne sont pas d'accord. L'homme aime skier. Il dit : « Ça me plaît beaucoup. » La femme dit : « Je déteste ça. » – **3.** Ils parlent d'une voiture. Ils sont d'accord. Ils aiment la voiture. La femme dit : « Pas mal, hein? » L'homme dit : « J'adore » et « Elle est géniale ». – **4.** Ils parlent d'un chanteur. Ils ne sont pas d'accord. La fille aime le chanteur. Elle dit : « J'aime bien », « Il est super ». Le garçon ne l'aime pas. Il dit : « Il est nul. »
Page 15, exercice 7 : **1.** La scène se passe dans un magasin. – **2.** Ce sont deux amies. – **3.** Elles cherchent un cadeau pour une autre amie. – **4.** Elles regardent un vase : une femme n'aime pas la couleur ; un miroir : il est un peu grand ; des verres à champagne : ils sont trop chers ; une lampe : elles ne l'aiment pas beaucoup, elle ne leur plaît pas.

Page 17, exercice 12 :
1. Il/elle aime les animaux, faire des randonnées, faire du cheval, manger des légumes et des fruits, faire la cuisine, faire des photos, regarder des films, porter des vêtements de sport et des jeans…
Il/elle n'aime pas faire le ménage, fumer, lire, s'occuper des plantes…
2. Il/elle aime les meubles modernes, la peinture moderne, les plantes vertes, lire, travailler ou jouer sur l'ordinateur, écouter de la musique classique, boire du café et du vin, jouer au tennis, conduire…
Il/elle n'aime pas le désordre, faire la cuisine…
Page 19, exercice 15 :
• Est-ce que les Français ont beaucoup de temps libre? – Oui.
• Qu'est-ce qu'ils font? – Ils sortent, ils vont chez des amis, au restaurant, au cinéma. Ils font du sport. Ils marchent, ils font des randonnées.
• Où et avec qui font-ils des randonnées? – Ils font des randonnées à la campagne, à la montagne ou au bord de la mer, avec des clubs ou en famille.
• Qu'est-ce que les hommes préfèrent faire? – Ils préfèrent faire du vélo et du jogging.
• Qu'est-ce que les femmes préfèrent faire? – Elles préfèrent faire de la danse ou de la gymnastique.
• Qu'est-ce qui est important pour les Français? – Avoir une maison agréable et confortable.
• Que font-ils pour la maison? – Ils font du bricolage et du jardinage.
• Les enfants ont-ils aussi des activités de loisir? – Oui, ils sont très occupés.
• Que font-ils? – Ils font du sport ou de la musique.
• Quand font-ils ces activités? – Après l'école et le mercredi après-midi.

• LEÇON 3

Page 20, exercice 1
1. Ce sont des invitations.
2. 1 : Elle propose d'aller au théâtre. – 2 : Elle propose de venir chez elle. – 3 : Elle propose d'aller au restaurant. – 4 : Elle propose d'aller au concert. – 5 : Elle propose d'aller au cinéma.
3. 1 : Elle accepte. – 2 : Elle refuse. – 3 : Elle accepte. – 4 : Elle refuse. – 5 : Elle accepte.
4. 1 : Avec plaisir. – 2 : Désolé, je ne suis pas libre. – 3 : Oh merci, c'est gentil. – 4 : Je regrette, je ne peux pas, je dois travailler. – 5 : Pourquoi pas ? C'est une bonne idée.
Page 21, exercice 6
1. Les deux personnes se connaissent parce qu'elles disent « tu ».

2. Faire du vélo au bord de la mer dimanche matin, en famille. – Faire un pique-nique à midi. – Manger à la maison, dimanche midi, en famille.

Page 23, exercice 9

• **C'est permis :** pêcher dans le lac, lire un livre, discuter, faire la cuisine, se promener, jouer aux cartes, faire la sieste.

• **C'est interdit :** installer sa tente sur deux places, faire du bruit avec sa moto, écouter la radio très fort, faire du feu, laisser son chien en liberté, écrire sur les arbres, jeter des papiers par terre, laver la vaisselle dans le lac, boire trop d'alcool, monter sur les arbres, se promener à cheval dans le camping, faire du ski nautique près de la plage, jouer au football entre les tentes.

• **C'est obligatoire :** payer à l'entrée, nettoyer le lavabo.

Page 24, exercice 10

• Lucie et François invitent leurs amis dans leur maison de campagne pour faire une randonnée.

• Cédric invite ses amis chez lui pour fêter son anniversaire.

• Cécile et Olivier invitent leurs amis dans leur nouvelle maison pour boire, manger et faire du bricolage.

• Line invite ses amis dans son village pour un grand festival de cinéma.

• BILAN PAGES 26-27

1 et **2** : Bien merci, et vous?/Très bien, je vous remercie./Ça va bien, merci, et vous?

3, 4 et **5** : Oui, je suis marié./ Non, je suis célibataire./ Je suis divorcé.

6 et **7** : Oui, c'est ma voiture./Oui, elle est à moi.

8 et **9** : Oui, ce sont leurs livres./Oui, ils sont à eux.

10 et **11** : Oui, elle me plaît beaucoup./Oui, elle est super! Oui, elle est géniale!

12 : Non, elle ne me plaît pas./Elle n'est pas terrible./Elle est nulle!

13 : Oui, J'aime beaucoup faire du ski./Oui, j'adore ça.

14 : Non, je n'aime pas du tout ça./Non, je déteste ça.

15 et **16** : Moi aussi./Moi non, je déteste ça.

17 et **18** : Moi non plus./Moi si, j'adore ça.

19, 20, 21 et **22** : À mon avis, il est…/Je pense qu'il est…/ Je trouve qu'il est…/Je crois qu'il est intéressant, ennuyeux, génial, super, extraordinaire...

23, 24 et **25** : Avec plaisir./Oui merci./D'accord./Oui, je veux bien/Pourquoi pas?

26, 27 et **28** :Non, je suis désolé(e), je ne peux pas/ Excuse-moi, je ne suis pas libre./Je regrette, ce n'est pas possible.

29, 30 et **31** : Non, on ne peut pas./Non, c'est interdit./Non, ce n'est pas permis.

32 et **33** : Oui, on doit apprendre les leçons./Oui, il faut apprendre les leçons./Oui, c'est obligatoire d'apprendre les leçons.

34, 35, 36 et **37** : Oui, c'est vrai./Oui, je suis d'accord./ Absolument./Tu as raison./C'est exact./C'est sûr.

38, 39 et **40** : Ce n'est pas vrai./C'est faux./Je ne suis pas d'accord./Absolument pas./Tu as tort./Pas du tout!

UNITÉ 2   • LEÇON 1

Page 28, exercice 1 : **1.** Elles cherchent la voiture ; l'école ; la place des Arts ; ses lunettes ; les toilettes.

2. Devant le garage. – Derrière le cinéma. – À côté de la gare. – Sur ton bureau. – Dans le couloir, à droite.

Page 29, exercice 6 : **1.** La scène se passe dans une maison. Un couple parle. – **2.** Il cherche sa chemise bleue : elle est sur le lit ; sa cravate jaune : elle est sous sa veste, dans le salon ; ses chaussures noires : elles sont derrière le canapé : la rue des Oliviers : on ne sait pas.

Page 33, exercice 12

• Qu'est-ce qui est important pour les Français ? – Le logement.

• Est-ce que beaucoup de familles habitent dans une maison, dans un appartement? Combien? – 56 % habitent dans une maison et 44 % habitent dans un appartement.

• Est-ce que les Français préfèrent acheter ou louer leur logement? – Ils préfèrent acheter leur logement.

• Combien de Français sont propriétaires? – 54 % sont propriétaires

• À quel âge achètent-ils leur premier logement? – Ils l'achètent à 35 ans.

• Qu'est-ce qu'il y a dans presque toutes les maisons françaises? – Il y a un réfrigérateur, une télévision et un lave-linge.

• Combien de Français ont un lave-vaisselle? – 42 % ont un lave-vaisselle.

• Quelle est la pièce principale de la maison? – C'est le salon.

• Qu'est-ce que les Français font dans le salon? – Ils discutent, ils regardent la télévision, ils se reposent, ils jouent avec les enfants, ils reçoivent des amis.

• LEÇON 2

Page 34, exercice 1

1. Des personnes demandent leur chemin.

2. Une personne cherche le cinéma Royal.

Une personne cherche l'université.

Une personne cherche la piscine.

Une personne cherche la gare.

3. Pardon madame, je cherche le cinéma Royal, s'il vous plaît?

S'il vous plaît monsieur, je cherche l'université, vous pouvez m'indiquer le chemin?

Excusez-moi, pour aller à la piscine, s'il vous plaît?

Pardon monsieur, vous connaissez le chemin pour aller à la gare?

Page 35, exercice 5

1. Il va à la piscine : « Pour aller à la piscine, s'il vous plaît? » – Elle va à la poste : « Excusez-moi, je cherche la poste. » – Il va rue des fleurs; « Vous pouvez m'indiquer la rue des Fleurs s'il vous plaît? » – Elle va à la mairie : « Vous savez comment on va à la mairie? »

2. Vous continuez tout droit puis vous tournez à gauche. – Vous prenez la première à droite. Au bout de la rue, vous tournez à gauche. – Vous traversez la place, c'est la rue en face. – Vous allez jusqu'à la poste et vous tournez à gauche.

Page 36, exercice 7
1. La scène se passe sur une route de campagne.
2. Les deux personnes sont une femme dans sa voiture et un homme de la région.
3. La femme cherche le château.
4. « Continuez tout droit jusqu'au pont ; après le pont : tournez à droite, puis prenez la troisième à gauche. Après, ne traversez pas le village, tournez avant, c'est là. »
5. Non, elle ne comprend pas bien. Elle dit : « Excusez-moi, vous pouvez répéter » et « Je ne comprends pas bien ».

Page 38, exercice 13 : La ville est Londres.

Page 39, exercice 14
• Pourquoi est-ce que les Français se déplacent ? – Ils se déplacent pour leurs loisirs, mais aussi pour leur travail.
• Qui va principalement dans la région parisienne ? – Ce sont les plus jeunes.
• Dans quelle autre région les Français aiment-ils aller ? Pourquoi ? – Ils vont dans le sud de la France parce qu'il y a une meilleure qualité de vie près de la mer et au soleil.
• Est-ce que les Français ont tous des parents et des grands-parents français ? – Non, beaucoup de Français sont d'origine étrangère.
• Est-ce qu'il y a beaucoup d'étrangers en France ? Pourquoi ? – Oui, il y a beaucoup d'étrangers en France. Ils viennent travailler.

• LEÇON 3

Page 40, exercice 1
1. Des gens posent des questions sur l'heure.
2. Il est quatre heures moins dix = il est quinze heures cinquante – midi et demi = douze heures trente – onze heures vingt – trois heures moins le quart = quatorze heures quarante-cinq – huit heures quarante-cinq = neuf heures moins le quart – dix-sept heures quinze = cinq heures et quart.

Page 41, exercice 6
1. C'est un couple.
2. Ils parlent de samedi.
3. La mère de la femme dîne à la maison.
4. De neuf heures à onze heures, faire les courses. – De onze heures à trois heures-trois heures et demie, aller à la plage. – À quatre heures et demie, regarder le match de foot. – À huit heures, dîner à la maison.

Page 42, exercice 8
1. La scène se passe à la gare.
2. Les deux personnes sont une employée et un client.
3. Il va à Marseille. Il veut un billet aller-retour. Il prend le TGV à 14 h 18, en seconde classe, dans une voiture non-fumeur. Le billet coûte 25 euros.
4. Il est déçu. Il dit : « Ah zut ! Quel dommage ! »

Page 44, exercice 13
• **Le vélo.** *Les inconvénients :* ce n'est pas agréable quand il pleut ; on respire les gaz des voiture ; c'est dangereux, on peut tomber, avoir un accident. – *Les avantages :* en vélo, on fait du sport, c'est bon pour la santé ; quand il fait beau, c'est agréable ; c'est plus facile de circuler dans les embouteillages.
• **La voiture.** *Les inconvénients :* dans les embouteillages, on circule très mal ; les voitures polluent l'air de la ville ; on peut

avoir une amende si on conduit mal ou si on se gare dans un endroit interdit. – *Les avantages :* c'est confortable ; on peut écouter de la musique et voyager avec toute sa famille.
• **Le bus.** *Les inconvénients :* quelquefois, il y a trop de gens, ce n'est pas agréable ; il faut attendre et, en plus, les bus peuvent arriver en retard ou être en grève. – *Les avantages :* les bus ne polluent pas ; ils vont plus vite que les voitures parce qu'ils circulent dans des couloirs de bus ; dans le bus, on peut faire beaucoup de choses : lire, discuter, rencontrer des gens, écrire…

Page 45, exercice 14
• Comment peut-on aller de Paris à Bruxelles ? – En avion ou en TGV.
• Quels sont les avantages du TGV ? – Le TGV est moins cher et aussi rapide que l'avion. Il part du centre-ville et arrive au centre-ville.
• Pourquoi le TGV est-il pratique pour les hommes d'affaires ? – Parce qu'ils peuvent aller rapidement dans les grandes villes de France et aussi à Londres ou à Bruxelles. C'est possible de faire l'aller-retour dans la journée.
• Est-ce que les Français voyagent toujours en train ? – Non, ils prennent souvent le train, mais pour aller plus loin, ils prennent l'avion.
• Est-ce que les Français vont souvent en vacances à l'étranger ? – Non, ils ne vont pas souvent à l'étranger mais ils font du tourisme en France.
• Pourquoi restent-ils en France ? – Parce qu'il y a beaucoup de choses à voir : la mer, la montagne, la campagne, les villages anciens, les villes modernes, des monuments.
• Qui visite Paris ? – Les touristes étrangers.

• BILAN 2 PAGES 46-47

1, 2 et **3 :** Pardon M…, vous pouvez me dire où est la gare, s'il vous plaît ?/Pardon M…, où se trouve la gare, s'il vous plaît ? / Pardon M…, vous savez où est la gare, s'il vous plaît ?
4, 5 et **6 :** Pardon M…, vous connaissez le chemin pour aller à la mairie s'il vous plaît ?/Pardon M…, je cherche la mairie, s'il vous plaît ?/Pardon M…, vous savez comment on va à la mairie, s'il vous plaît ?
7, 8 et **9 :** Pardon, qu'est-ce que vous dites ?/Vous pouvez répéter ?/Comment ? Excusez-moi, je ne comprends pas ?
10 : Continuez tout droit, traversez le parc et vous arrivez à l'hôpital.
11 : Vous tournez à la première à droite et vous êtes en face de la place du marché.
12 : Prenez la rue à gauche, puis tournez à la première rue à droite, c'est là.
13 : Non, je suis locataire.
14 : Il y a un canapé, une table basse, des fauteuils…
15 : Il y a un lit, une armoire, une table de nuit, un tapis…
16 : Il y a un frigo, une cuisinière, un lave-vaisselle, un placard, une table, des chaises…
17 : Il est bruyant et sombre.
18 : Il est ancien et bon marché.
19 : Il est sur le tapis/derrière le fauteuil.
20 : Il est sous la chaise.
21 : Elles sont sur la table.
22 : Elle est contre le mur, à côté de la plante.
23 : Elles sont dans ton tac.
24- : Il est devant la porte-fenêtre.
25 : Un aller-retour.
26 : À midi, à trois heures…

27 et 28 : Quel dommage ! / *Zut ! / *C'est pas de chance !
29, 30, 31 et 32 : Mange ! / Prends un fruit / Va au restaurant / Fais des crêpes...
33, 34, 35 et 36 : Va dormir / Dors ! / Repose-toi / Couche-toi / Reste à la maison...

37 : Avec qui tu voyages ?
38 : D'où vient-il ?
39 : J'achète le pain à la boulangerie.
40 : J'achète mes livres à la librairie.

UNITÉ 3   • LEÇON 1

Page 48, exercice 1
1. Je suis bien chez Virginie ? – Est-ce que je peux parler à Nicolas ? – Le docteur Verdier est là, s'il vous plaît ?– Je voudrais parler à monsieur Blanc.
2. Ne quittez pas, je vous la passe. – Un instant, je te le passe. – Vous pouvez rappeler ? – Je suis désolée, il n'est pas là. Vous voulez laisser un message ?
Page 49, exercice 5
1. Il est en ligne. – **2.** Vous pouvez rappeler cet après-midi ? / Vous voulez laisser un message ? – **3.** Je suis à mon bureau jusqu'à midi. – **4.** 04 67 64 46 24.
Page 50, exercice 8 : La mère.
Page 51, exercice 10
1. Elle lui téléphone pour lui proposer de sortir le soir.
2. Carole a rendez-vous avec des amis pour aller au restaurant. Carole et Simon ont rendez-vous devant le café du Parc, à côté de la fontaine, vers 8 heures. Sophie va peut-être aller avec eux.
Page 53, exercice 14
• Est-ce que les Français écrivent beaucoup ? – Non, ils écrivent très peu de lettres.
• Quand écrivent-ils ? – Ils écrivent quand ils sont en vacances, quand ils se marient ou quand ils ont un bébé.
• Qu'est-ce qu'ils envoient à ces moments là ? – Ils envoient des cartes postales, des invitations et des faire-part.
• Comment préfèrent-ils communiquer ? Pourquoi ? – Ils préfèrent le téléphone, c'est plus rapide et plus direct.
• Quels nouveaux moyens de communication utilisent-ils ? – Ils utilisent le portable et Internet.
• Pourquoi préfèrent-ils ces moyens de communication ? – Parce qu'ils peuvent communiquer 24 heures sur 24.
• Qui adore ces moyens de communication ? – Ce sont les jeunes.
• Que font-ils avec le portable et Internet ? – Ils envoient des SMS à leurs amis jour et nuit ou discutent pendant des heures avec des inconnus sur des sites Internet.

• LEÇON 2

Page 54, exercice 1 : Une femme est malade. – Un homme est fatigué. – Une femme a mal à la tête. – Un homme est en pleine forme. – Une femme a froid.
Page 55, exercice 5 : **1.** Elle pense qu'il n'est pas en forme – **2.** Il a mal à la gorge, aux jambes et au ventre – **3.** Il a de la fièvre – **4.** Il peut avoir une angine ou une grippe.
Page 57, exercice 9 : C'est la boulangère.
Page 59, exercice 14
• Qui parle ? – Ce sont deux amies. l'une est française, l'autre est étrangère.
• Qu'est-ce que la jeune femme étrangère propose à son amie ? – Elle lui propose d'aller au cinéma.

• Est-ce que c'est possible ? Pourquoi ? – Non, l'autre jeune femme a rendez-vous chez le médecin.
• Va-t-elle chez le docteur Marie ? – Non, elle va chez un autre médecin.
• Pourquoi va-t-elle chez le médecin ? – Elle est enrhumée.
• Est-ce que c'est normal d'aller chez le médecin pour un rhume ? – En France oui, mais pas dans le pays de la jeune femme étrangère.
• Combien de fois par an les Français vont-ils chez le médecin ? – Ils vont chez le médecin plus ou moins huit fois par an.
• Comment la jeune femme française va-t-elle se soigner ? – Elle va prendre des médicaments.
• Est-ce que les Français achètent beaucoup de médicaments ? Justifiez votre réponse. – Oui, ils sont les champions.
• Où achète-t-on les médicaments ? – On les achète à la pharmacie.

• LEÇON 3

Page 60, exercice 1
• Ce soir, elle va regarder la télévision ; il va rester chez lui.
• Samedi soir, elle va peut-être aller danser ; lui aussi.
• Dimanche, il va aller chez ses parents ; elle, elle ne sait pas.
• Demain, les enfants vont dormir chez leur grand-mère et le père va aller voir un match de football.
• Cet après-midi, elle va préparer une fête ; il va venir à la fête.
Page 61, exercice 5
1. Les deux personnes sont deux amis. – **2.** Il veut savoir ce qu'elle va faire ce soir, demain soir, après-demain, la semaine prochaine et le 31 décembre. – **3.** Elle répond qu'elle va dîner au restaurant avec des amis, qu'elle va aller au cinéma, qu'elle va sortir avec sa copine et qu'il l'énerve avec ses questions.
Page 62, exercice 9
1. C'est un employé avec son chef. – **2.** Il va quitter son travail, il va faire le tour du monde, il va vendre sa maison et il va partir avec la secrétaire.
Page 65, exercice 15
• Pourquoi les Français aiment-ils jouer ? – Ils jouent pour gagner de l'argent.
• Est-ce que beaucoup de Français jouent ? Justifiez votre réponse. – Oui, un Français sur trois joue.
• Qu'est-ce qu'ils font pour gagner de l'argent ? – Ils achètent un billet de la Loterie nationale, ils jouent aux courses de chevaux ou au Loto.
• Qui organise ces jeux ? C'est l'État.
• Est-ce que ces jeux coûtent cher ? – Non, on peut jouer avec peu d'argent.
• Quel est le rêve de beaucoup de Français ? – Ils rêvent de devenir riches et de changer de vie.

• Qu'est-ce qu'ils font quand ils gagnent ? – Ils peuvent acheter une maison, mettre de l'argent à la banque, dépenser tout ou commencer une nouvelle vie.

• BILAN PAGES 66-67

1, 2 et **3** : Oui, ne quittez pas, je vous la passe. Oui, je vous la passe – Oui, un instant s'il vous plaît.

4, 5 et **6** : Non, il est absent, vous voulez laisser un message? Il est au téléphone, vous pouvez rappeler plus tard? Non désolé, il est occupé. Je suis désolé, il est en ligne.

7 : Oui je les connais.

8 : Je la comprends.

9 : Je lui téléphone.

10 : Elle leur parle.

11 et **12** : On se retrouve où ? Où on se donne rendez-vous? À quelle heure ?

13, 14, 15 et **16** : Invite-la – Parle-lui ! – Écris-lui ! – Souris-lui ! – Donne-lui un rendez-vous ! – Offre-lui des fleurs !

17, 18, 19 et **20** : Ne le regarde pas ! – Ferme les yeux ! Mets des lunettes ! – Rentre dans la maison – Va voir le médecin…

21, 22, 23 et **24** : Oui, je ne vais pas très bien. – J'ai froid. – Je suis un peu fatiguée. – J'ai mal à la tête – J'ai de la fièvre. – J'ai mal à la gorge.

25, 26 et **27** : Je te conseille d'aller chez le médecin. – Tu dois aller chez le médecin. – Va chez le médecin.

28 et **29** : Oui, je peux la raconter à mes amis. – Oui, je peux leur raconter cette histoire.

30 : D'accord, je vais les envoyer.

31, 32, 33 et **34** : Elle va partir demain, après-demain, la semaine prochaine, le mois prochain, ce soir, dans trois jours…

35, 36, 37 et **38** : Ah non, j'en ai marre – J'en ai assez – Ça suffit – Tu m'énerves/tu m'embêtes avec ton match de football.

39 et **40** : Je ne sais pas trop… – J'hésite… – Je ne suis pas très sûre…

UNITÉ 4   • LEÇON 1

Page 68, exercice 1
Elle achète une baguette et deux croissants ; ça fait 2 euros. – Il achète deux cahiers et un stylo rouge ; ça fait 5,90 euros. – Elle achète un melon ; ça fait 2 euros.

Page 69, exercice 5
1. Les deux personnes sont la cliente et le vendeur.
2. Elle achète 1 kilo d'oranges, 2 litres de lait, 2 boîtes de sauce tomate et de l'huile d'olive.
3. Ça fait 13,85 euros.

Page 71, exercice 9

Dessin 1	Dessin 2
il y a deux paquets de café	il y a un paquet de café.
il y a une boîte de sauce tomate	il n'y a pas de sauce tomate
il y a une bouteille d'eau	il n'y a pas de bouteilles d'eau
il y a trois tranches de jambon	il y a six tranches de jambon
il y a un morceau de pain	il y a deux morceaux de pain
il y a deux pots de confiture	il y a trois pots de confiture
il y a six œufs	il y a trois œufs
il y a 1 kilo d'oranges	il n'y a pas d'oranges
il n'y a pas de petits pois	il y a une boîte de petits pois
il n'y a pas de poisson	il y a un poisson
il n'y a pas de poulet	il y a deux poulets

Page 73, exercice 12
• Quel aliment est très important pour les Français ? – C'est le pain.
• Est-ce que les Français mangent autant de pain qu'avant ? – Non, mais 85 % des Français en mangent toujours.
• Comment est l'alimentation des Français ? – Elle est variée.
• Que mangent-ils ? – Ils mangent de la viande, du poisson, des légumes, des fruits et du fromage.
• Combien de fromages y a-t-il en France ? – Il y en a plus de 365.
• Que font beaucoup de Français pour rester en forme ? – Ils consomment moins de sucre et d'aliments gras.
• Que boivent-ils ? – Ils boivent beaucoup d'eau minérale et aussi du vin.
• Boivent-ils autant de vin qu'avant ? – Non, mais ils restent les plus grands consommateurs de vin du monde.

• LEÇON 2

Page 74, exercice 1
1. Les scènes se passent au restaurant.
2. Les deux personnes sont le client ou la cliente et le serveur ou la serveuse.
3. Ils demandent : une table pour trois personnes, le menu, quel est le plat du jour, quel vin le serveur conseille, et l'addition.

Page 75, exercice 5
1. Il prend le menu à 20 euros.
2. Il veut manger du jambon cru, du poulet avec des petits pois et un gâteau au chocolat. Il veut boire un quart de vin rouge et de l'eau.

Page 77, exercice 9
1. On mélange tout pour faire la pâte. Après, on fait cuire un peu de pâte dans une poêle, on retourne la crêpe et c'est fini.
2. Pour faire des crêpes, il faut 25.0 grammes de farine, 4 œufs, un demi-litre de lait, 5.0 grammes de beurre, du sel et du sucre.

Page 79, exercice 14
• Pourquoi va-t-on au restaurant ? – On peut aller au restaurant pour bien manger, pour ne pas faire la cuisine, pour gagner du temps, pour sortir ou pour fêter quelque chose.
• Est-ce que tous les Français rentrent déjeuner chez eux à midi ? Pourquoi ? – Non, dans les grandes villes, beaucoup de Français ne rentrent pas chez eux à midi parce qu'ils n'ont pas le temps.
• Où mangent-ils ? Pourquoi ? – Ils mangent dans des petits restaurants parce c'est rapide et bon marché.
• Quelles sont les qualités des petits restaurants ? – La cuisine est souvent bonne et l'ambiance est agréable.
• Si on ne mange pas à la maison ou au restaurant, où peut-on manger et qu'est-ce qu'on peut manger ? – On peut manger un sandwich au bureau.

• Pourquoi est-ce que les Français préfèrent souvent le restaurant? – Ils préfèrent le restaurant parce que c'est plus agréable de manger un petit plat traditionnel qu'un sandwich.
• Est-ce que les Français mangent seulement pour vivre? – Non, manger est aussi un plaisir.
• Est-ce que les Français aiment manger seuls? –. Non, ils préfèrent partager le repas avec leurs amis.

• LEÇON 3

Page 80, exercice 1
1. Les scènes se passent dans un magasin de vêtements.
2. Les deux personnes sont une vendeuse et un client ou une cliente.

Page 81, exercice 5
1. L'homme veut acheter un chemise grise pour l'offrir.
2. Il demande s'il peut changer la chemise si elle ne va pas parce qu'il l'achète pour son fils.
3. Il va payer par carte.

Page 83, exercice 9
• La personne cherche un pull pour un petit garçon. Le vendeur répond : « On n'a pas de pull pour enfants. »
• La personne cherche des chaussettes en laine. Le vendeur répond : « Il n'y en a plus. »
• La personne cherche un vendeur pour les chaussures. Le vendeur répond : « Il n'y a personne, il est malade. »
• La personne cherche les cravates. Le vendeur répond : « Il n'y a jamais de cravates dans ce magasin. »
• La personne cherche quelque chose pour un bébé. Le vendeur répond : « Il n'y a rien pour les bébés ici. »

Page 83, exercice 10
Il n'y a personne sur l'escalier roulant. Il n'y a personne à la caisse pour s'occuper des clients. Il n'y a personne dans la cabine. Un vendeur écoute de la musique, il n'écoute personne, il n'entend rien. Sur quelques étagères, il n'y a rien. Il n'y a rien dans le sac de la jeune fille. Il n'y a rien dans les poches du jeune homme. Il n'y a plus de robes sur les cintres. Un client n'a plus d'argent dans son porte-monnaie. Il n'y a plus de pull sur une étagère. Il n'y a plus de chemise pour le client. Il n'y a jamais de légumes dans un magasin de vêtements. Les vendeurs ne dorment jamais dans les magasins. On ne marche jamais sur le comptoir. On ne fait jamais de vélo dans un magasin.

• BILAN 4 PAGES 86-87

1 et **2** : Je voudrais/donnez-moi/je vais prendre deux croissants, s'il vous plaît.
3, 4, 5 et **6** : C'est combien ? – Ça fait combien ? – Ça coûte combien ? – Combien je vous dois ?
7 : Je bois du thé/du café/du lait/du jus de fruits…
8 : – Je mange du pain/des croissants…
9 et **10** : J'en veux un litre/J'en veux une bouteille.
11 : J'en veux un paquet.
12 : J'en veux un kilo – J'en veux trois ou quatre.
13, 14 et **15** : Estelle a plus d'argent que Nadia – Estelle a autant d'argent que Nadia – Estelle a moins d'argent que Nadia.
16, 17 et **18** : Le gâteau est plus sucré que la glace./Le gâteau est aussi sucré que la glace. /Le gâteau est moins sucré que la glace.
19 et **20** : Vous pouvez m'apporter le menu, …? – Je peux avoir la carte, de l'eau…?
21 : Qu'est-ce que vous avez comme entrée?
22 : Je préfère la viande/le poisson.
23 et **24** : C'est très bon – C'est délicieux – C'est excellent – C'est léger.
25 : Vous pouvez m'apporter l'addition?
26 et **27** : Vous avez des robes? – Je cherche des robes, vous en avez?
28 : Je peux l'essayer?
29 : – Ah oui, alors je vais la prendre.
30 : – Oh non, je vais réfléchir.
31 et **32** : Je paie (je règle) par chèque/par carte/en espèces.
33 : Oui, j'en ai un.
34 : Non, je n'en ai pas.
35 : Oui, il en a une.
36 : Non, il n'en a pas.
37 : Oui, j'en ai encore.
38 : Non, je n'en ai plus.
39 : Non, il n'y a rien.
40 : Non, je ne vois personne.

UNITÉ 5 • LEÇON 1

Page 88, exercice 1
1. Ils veulent savoir : comment est le copain d'Aurélie – quelle est la couleur des yeux de Sophie – combien mesure Julien – comment sont les cheveux d'une fille – et si Vanessa est blonde et a les yeux bleus.
2. On leur répond : qu'on ne sait pas – qu'elle a les yeux bleus – qu'il mesure 1,90 mètre – qu'elle a les cheveux longs et bruns – qu'on ne sait pas et qu'il faut demander à Christian.

Page 89, exercice 5
1. Elles parlent des collègues de bureau.
2. Arnaud est grand, blond, mignon mais stupide. – Cédric est petit, brun, gentil et très amusant. – La secrétaire du directeur est jolie, mince mais pas très sympathique. – Le directeur est gros, mais super, intéressant, aimable et calme. – Mademoiselle Mouchette est blonde et très timide.

Page 92, exercice 11
1. américain – **2.** italien – **3.** japonais – **4.** français – **5.** indien – **6.** mexicain – **7.** arabe – **8.** anglais – **9.** allemand

Page 93, exercice 12
• Est-ce que beaucoup de jeunes mères de famille restent à la maison? – Non, pas beaucoup, la majorité des femmes travaillent.
• Ont-elles beaucoup de temps libre? – Non, elle ont un emploi du temps très chargé.
• Qu'est-ce qu'elles doivent faire? – Elles doivent aller au travail, faire le ménage, les courses et s'occuper des enfants.

• Que font les hommes à la maison? – Ils font souvent les courses, la vaisselle, les petits travaux dans la maison et ils s'occupent des enfants.
• Qu'est-ce qu'ils font avec les enfants? – Ils les accompagnent à l'école, ils les gardent, ils leur préparent à manger et ils jouent avec eux.
• Qui travaille le plus à la maison? – Ce sont les femmes.

• LEÇON 2

Page 94, exercice 1
Elle va souvent à la campagne le dimanche. – Il ne part jamais en vacances. – Elle ne se couche pas tard le soir, elle se lève tôt le matin. – Il déjeune quelquefois à la cafétéria. – Elle ne va pas au cinéma tous les samedis soirs

Page 95, exercice 5
Il a visité Lille. Il a rencontré un copain. Ils ont pris un verre dans un café, ils ont parlé, ils ont mangé et bien bu au restaurant, ils ont fait des courses. Il a acheté un pantalon, il a fait la fête chez son copain, il a dormi et il a été malade.

Page 99, exercice 13
• Comment appelle-t-on les vieux en France? – On les appelle les personnes âgées ou les personnes du troisième âge.
• Que font les personnes âgées? – Elles vont dans des clubs elles jouent aux cartes, elles font du sport, elles dansent, elles voyagent et elles s'occupent de leurs petits-enfants.
• Quand s'occupent-elles de leurs petits-enfants? – Elles s'occupent d'eux le mercredi ou pendant les vacances.
• Où habitent-elles? – Elles habitent chez elles ou dans des maisons de retraite.

• LEÇON 3

Page 100, exercice 1
Sa voiture est tombée en pane – Il y a eu un accident, ils ont appelé les pompiers – On lui a volé son sac dans le métro – Sophie est tombée dans la rue, elle s'est cassé la jambe.

Page 101, exercice 5
Lundi dernier le Premier ministre chinois est venu à Paris. Il a discuté avec le président des problèmes de son pays. – Mercredi dernier, un ancien footballeur est mort à l'âge de 75 ans. – Avant-hier, le Premier ministre a eu un accident de voiture. Ce matin, il est sorti de l'hôpital. – Hier soir, Stéphanie a gagné un match de tennis contre Amélie Carré. Elle est devenue championne de France. – Aujourd'hui, l'actrice Sophie Moreau s'est mariée avec le chanteur Patrick Sorel. Elle l'a rencontré il y a six mois au Mexique.

Page 103, exercice 10
Elle a gagné une voiture.
Elle a téléphoné tout l'après-midi pour s'inscrire. Elle a répondu à 50 questions au téléphone. Trois jours après, elle a encore répondu à dix questions. Ensuite, elle est allée à la télé. Elle a joué une fois avant l'émission et, enfin, elle a joué vraiment.

Page 103, exercice 12
3 – 5 – 1 – 6 – 4 – 2.

Page 105, exercice 14
• Tous les Français ont-ils une télévision? – Non, 4 % n'en ont pas et n'en veulent pas.
• Pourquoi les Français regardent-ils la télévision? – Ils la regardent pour s'informer, pour jouer, pour se distraire ou pour passer le temps.
• Quelles émissions préfèrent-ils? – Ils préfèrent le journal de 20 heures, et aussi les films, les jeux et le sport.
• À quelle heure regardent-ils le plus la télévision? – Ils la regardent entre 20 heures et 22 heures.
• Pourquoi les Français aiment-ils les débats? – Parce qu'ils aiment beaucoup discuter.
• De quoi parle-t-on dans ces émissions? – On parle de la politique, des problèmes de la vie, des gens célèbres, et d'autres choses.

• BILAN 5 PAGES 106-107

1 et **2** : Je ne sais pas – Je n'en sais rien – Aucune idée
3 et **4** : Elle a les yeux de quelle couleur? – Comment sont ses yeux?
5, 6, 7 et **8** : Elle a les cheveux bruns/blonds/châtains/roux/gris/blancs/courts/mi-longs/longs/raides/frisés.
9 : Elle est sympathique, gentille, intéressante, intelligente, amusante.
10 : Elle est antipathique, méchante, ennuyeuse, stupide, timide.
11 et **12** : C'est une fille qui travaille avec moi/qui vient à l'école avec moi/qui habite à Montpellier/qui est anglaise…
13 : C'est une fille que je connais bien/que j'ai rencontrée à Paris/qu'on m'a présentée…
14 : Oui, c'est le livre qui est sur la table/qui est bleu.
15 et **16** : Oui, c'est le livre que je t'ai montré hier/que mon ami m'a donné/que j'ai acheté…
17, 18 et **19** : J'ai balayé – J'ai passé l'aspirateur – J'ai nettoyé la cuisine – J'ai lavé par terre.
20, 21 et **22** : Oui, je viens quelquefois/souvent/toujours dans ce café.
23 : Non, je ne viens jamais dans ce café.
24 et **25** : Qu'est-ce qui s'est passé? Qu'est-ce qui t'est arrivé?
26, 27 et **28** : Il a eu une panne de voiture – Il a eu un accident – Il est tombé dans la rue – On lui a volé son sac.
29, 30, 31 et **32** : Ça s'est passé hier soir/avant-hier/la semaine dernière/jeudi dernier/il y a trois jours…
33, 34 et **35** : On a appris quelque chose – On a lu… – On a parlé – On a fait des exercices…
36 et **37** : Je suis allé/e à Rome/en Italie. – Je suis resté/e chez moi. – Je suis parti/e avec… – J'ai visité…
38 et **39** : Qu'est-ce qu'il y a à la télé? Qu'est-ce qu'on regarde? Quel est le programme?
40 : J'aime regarder les films, les informations, le sport, les débats, les jeux.

PLAGES CD Expression orale

N° de projet : 10200476 - Dépôt légal : septembre 2013
Achevé d'imprimer en France sur les presses de JOUVE - MAYENNE - N° 2116419L